全国高职高专教育精品规划教材

——"财会专业基于工作过程的项目化教学"系列

企业纳税技能实训

主　编　胡爱萍

副主编　肖淑兰　　胡跃清

　　　　宁　静　　夏赛连

主　审　邹　敏

北京交通大学出版社

·北京·

内 容 简 介

　　本教材是《企业税法基础与纳税操作》的配套用书。教材由三部分组成，其中上、下篇部分设置有单选、多选、判断、简答及计算、分析题，针对学生所学税法基本知识进行强化训练。另设计具体纳税操作实训，并将实训所用仿真原始表、证以实训附件方式单面设计作为第三部分内容，便于学生进行实务操作。

　　本书理实合一，结构清晰，实用性强，可作为会计、财税、审计等专业学生的教辅书，也可以作为从事相关工作人员的参考书。

版权所有，侵权必究。

图书在版编目（CIP）数据

　　企业纳税技能实训/胡爱萍主编. —北京：北京交通大学出版社，2013.8
　　（全国高职高专教育精品规划教材）
　　ISBN 978 - 7 - 5121 - 1600 - 9

　　Ⅰ.① 企…　　Ⅱ.① 胡…　　Ⅲ.① 企业管理 - 纳税 - 中国 - 高等职业教育 - 教材
Ⅳ.① F812.423

　　中国版本图书馆 CIP 数据核字（2013）第 198544 号

责任编辑：熊　壮
出版发行：北京交通大学出版社　　　　　　电话：010 - 51686414
　　　　　北京市海淀区高梁桥斜街 44 号　　邮编：100044
印　刷　者：北京泽宇印刷有限公司
经　　销：全国新华书店
开　　本：185 × 260　印张：21.75　字数：332 千字
版　　次：2013 年 8 月第 1 版　2013 年 8 月第 1 次印刷
书　　号：ISBN 978 - 7 - 5121 - 1600 - 9/F · 1236
印　　数：1 ~ 4 000 册　定价：36.00 元

全国高职高专教育精品
规划教材丛书编委会

出 版 说 明

高职高专教育是我国高等教育的重要组成部分，其根本任务是培养生产、建设、管理和服务第一线需要的德、智、体、美全面发展的应用型专门人才，所培养的学生在掌握必要的基础理论和专业知识的基础上，应重点掌握从事本专业领域实际工作的基础知识和职业技能，因此与其对应的教材也必须有自己的体系和特点。

为了适应我国高职高专教育发展及其对教育改革和教材建设的需要，在教育部的指导下，我们在全国范围内组织并成立了"全国高职高专教育精品规划教材研究与编审委员会"（以下简称"教材研究与编审委员会"）。"教材研究与编审委员会"的成员所在单位皆为教学改革成效较大、办学实力强、办学特色鲜明的高等专科学校、成人高等学校、高等职业学校及高等院校主办的二级职业技术学院，其中一些学校是国家重点建设的示范性职业技术学院。

为了保证精品规划教材的出版质量，"教材研究与编审委员会"在全国范围内选聘"全国高职高专教育精品规划教材编审委员会"（以下简称"教材编审委员会"）成员和征集教材，并要求"教材编审委员会"成员和规划教材的编著者必须是从事高职高专教学第一线的优秀教师和专家。此外，"教材编审委员会"还组织各专业的专家、教授对所征集的教材进行评选，对所列选教材进行审定。

此次精品规划教材按照教育部制定的"高职高专教育基础课程教学基本要求"而编写。此次规划教材按照突出应用性、针对性和实践性的原则编写，并重组系列课程教材结构，力求反映高职高专课程和教学内容体系改革方向；反映当前教学的新内容，突出基础理论知识的应用和实践技能的培养；在兼顾理论和实践内容的同时，避免"全"而"深"的面面俱到，基础理论以应用为目的，以必需、够用为尺度；尽量体现新知识和新方法，以利于学生综合素质的形成和科学思维方式与创新能力的培养。

此外，为了使规划教材更具广泛性、科学性、先进性和代表性，我们真心希望全国从事高职高专教育的院校能够积极参加到"教材研究与编审委员会"中来，推荐有特色的、有创新的教材。同时，希望将教学实践的意见和建议，及时反馈给我们，以便对出版的教材不断修订、完善，不断提高教材质量，完善教材体系，为社会奉献更多更新的与高职高专教育配套的高质量教材。

此次所有精品规划教材由全国重点大学出版社——北京交通大学出版社出版。适应于各类高等专科学校、成人高等学校、高等职业学校及高等院校主办的二级技术学院使用。

全国高职高专教育精品规划教材研究与编审委员会

2013 年 8 月

总　序

　　历史的年轮已经跨入了公元 2013 年，我国高等教育的规模已经是世界之最，2011 年毛入学率达到 26.5%，属于高等教育大众化教育的阶段。根据教育部 2006 年第 16 号《关于全面提高高等职业教育教学质量的若干意见》等文件精神，高职高专院校要积极构建与生产劳动和社会实践相结合的学习模式，把工学结合作为高等职业教育人才培养模式改革的重要切入点，带动专业调整与建设，引导课程设置、教学内容和教学方法改革。由此，高职高专教学改革进入了一个崭新阶段。

　　新设高职类型的院校是一种新型的专科教育模式，高职高专院校培养的人才应当是应用型、操作型人才，是高级蓝领。新型的教育模式需要我们改变原有的教育模式和教育方法，改变没有相应的专用教材和相应的新型师资力量的现状。

　　为了使高职院校的办学有特色，毕业生有专长，需要建立"以就业为导向"的新型人才培养模式。为了达到这样的目标，我们提出"以就业为导向，要从教材差异化开始"的改革思路，打破高职高专院校使用教材的统一性，根据各高职高专院校专业和生源的差异性，因材施教。从高职高专教学最基本的基础课程，到各个专业的专业课程，着重编写出实用、适用高职高专不同类型人才培养的教材，同时根据院校所在地经济条件的不同和学生兴趣的差异，编写出形式活泼、授课方式灵活、引领社会需求的教材。

　　培养的差异性是高等教育进入大众化教育阶段的客观规律，也是高等教育发展与社会发展相适应的必然结果。也只有使在校学生接受差异性的教育，才能充分调动学生浓厚的学习兴趣，才能保证不同层次的学生掌握不同的技能专长，避免毕业生被用人单位打上"批量产品"的标签。只有高等学校的培养有差异性，其毕业生才能有特色，才会在就业市场具有竞争力，从而使高职高专的就业率大幅度提高。

　　北京交通大学出版社出版的这套高职高专教材，是在教育部"十一五规划教材"所倡导的"创新独特"四字方针下产生的。教材本身融入了很多较新的理念，出现了一批独具匠心的教材，其中，扬州环境资源职业技术学院的李德才教授所编写的《分层数学》，教材立意很新，独具一格，提出以生源的质量决定教授数学课程的层次和级别。还有无锡南洋职业技术学院的杨鑫教授编写的一套《经营学概论》系列教材，将管理学、经济学等不同学科知识融为一体，具有很强的实用性。

　　此套系列教材是由长期工作在第一线、具有丰富教学经验的老师编写的，具有很好的指导作用，达到了我们所提倡的"以就业为导向培养高职高专学生"和因材施教的目标要求。

教育部全国高等学校学生信息咨询与就业指导中心择业指导处处长
中国高等教育学会毕业生就业指导分会秘书长
曹　殊　研究员

前　　言

　　《企业纳税技能实训》是与教材《企业税法基础与纳税操作》相配套的辅助性教材，是全国商科教育科研"十二五"规划2012年度课题（现代职业教育体系研究专项课题）"新思维高职课程'七维四递进'模式研究（SKKT-12014）"课题研究成果。本书以国家最新税收法规与会计准则为依据，内容设计以岗位、知识、能力三位为一体，以岗位工作内容为实训内容，以业务工作流程为实训过程，以仿真会计环境为实训场景，充分体现理论知识与岗位技能结合、课程与工作内容结合、在做中学与在学中做，符合高职高专课程改革的要求。

　　本书内容分为基本知识训练与纳税技能实训两大类型。为了加强基本技能训练，使得学生温故理论知识，应对会计考证，设计了选择题、判断题和业务计算题。本书按常用税种和常见业务设计了13个实训，为了给学生提供一个真实的环境，与岗位工作无缝对接，技能实训所选实例取材于中小企业的实际业务，所用原始票据、报表尽可能做到高度仿真；为了提高学生的操作能力，本书按照实际办税工作流程来设计写作过程，使学生在完成实训的过程中，学以致用，提高认识问题、分析问题、解决问题的能力，直达快速提高学生的岗位技能。

　　本书由胡爱萍任主编，肖淑兰、胡跃清、宁静、夏赛连任副主编。参编人员及分工如下：湖南交通职业技术学院胡爱萍，负责拟定编写思路和大纲，编写项目1、项目2、项目3、项目8、项目9、项目11，并对全书进行统稿；湖南信息科学职业学院胡跃清编写项目4和项目5；湖南生物机电职业学院肖淑兰编写项目6；湖南生物机电职业学院宁静编写项目10；湖南交通职业技术学院夏赛连编写项目7。另外，湖南交通职业技术学院邹敏担任本书主审。

　　本书适合作为高职高专院校会计、财税、审计等管理类专业的教材，也可以作为相关从业人员的业务学习用书。

　　书中单位名称为编者自编，如有雷同，纯属巧合。由于编者水平有限，书中难免存在不足，恳请读者批评指正。

编　者

2013年6月

目　录

上　篇

项目1　企业纳税岗位基础工作准备 ··· 3

1.1　企业纳税岗位基本知识训练 ··· 3

1.1.1　单项选择题 ··· 3

1.1.2　判断正误题 ··· 4

1.1.3　多项选择题 ··· 5

1.1.4　思考题 ··· 6

项目2　企业纳税工作流程 ··· 7

2.1　企业纳税流程基本知识训练 ··· 7

2.1.1　单项选择题 ··· 7

2.1.2　判断正误题 ··· 9

2.1.3　多项选择题 ··· 9

2.1.4　思考题 ··· 11

2.2　企业纳税流程技能实训 ··· 12

实训1　税务登记 ··· 12

实训2　发票领购与开具 ··· 13

项目3　增值税与企业增值税纳税操作 ··· 15

3.1　增值税基本知识训练 ··· 15

3.1.1　单项选择题 ··· 15

3.1.2　判断正误题 ··· 17

3.1.3　多项选择题 ··· 18

3.1.4　业务计算题 ··· 20

3.2　企业增值税纳税技能实训 ··· 22

　　实训 3　一般纳税人增值税核算与纳税申报 ·· 22

　　实训 4　小规模纳税人增值税核算与纳税申报 ·· 24

项目 4　消费税与企业消费税纳税操作 ·· 26

　4.1　消费税基本知识训练 ·· 26

　　4.1.1　单项选择题 ·· 26

　　4.1.2　判断正误题 ·· 28

　　4.1.3　多项选择题 ·· 29

　　4.1.4　业务计算题 ·· 31

　4.2　企业消费税纳税技能实训 ·· 32

　　实训 5　企业消费税核算与纳税申报 ·· 32

项目 5　营业税与企业营业税纳税操作 ·· 34

　5.1　营业税基本知识配套练习 ·· 34

　　5.1.1　单项选择题 ·· 34

　　5.1.2　判断正误题 ·· 36

　　5.1.3　多项选择题 ·· 37

　　5.1.4　业务计算题 ·· 39

　5.2　企业营业税纳税技能实训 ·· 40

　　实训 6　企业营业税核算与纳税申报 ·· 40

项目 6　小税种与小税种纳税操作 ··· 42

　6.1　小税种基本知识训练 ·· 42

　　6.1.1　单项选择题 ·· 42

　　6.1.2　判断正误题 ·· 44

　　6.1.3　多项选择题 ·· 45

　　6.1.4　业务计算题 ·· 47

　6.2　企业房产税与土地增值税技能实训 ·· 48

　　实训 7　企业房产税纳税申报 ··· 48

　　实训 8　企业土地增值税纳税申报 ·· 49

┼┼┼┼┼┼┼┼┼┼
┆　**下　　篇**　┆
┼┼┼┼┼┼┼┼┼┼

项目 7　关税与企业关税纳税操作 ··· 53

　7.1　关税基本知识训练 ·· 53

　　7.1.1　单项选择题 ·· 53

　　7.1.2　多项选择题 ·· 54

　　7.1.3　判断正误题 ·· 56

　　7.1.4　业务计算题 ……………………………………………………………… 56

项目 8　所得税与企业所得税纳税操作 ……………………………………… 57
　8.1　所得税基本知识训练 ……………………………………………………… 57
　　8.1.1　单项选择题 ……………………………………………………………… 57
　　8.1.2　判断正误题 ……………………………………………………………… 59
　　8.1.3　多项选择题 ……………………………………………………………… 60
　　8.1.4　业务计算题 ……………………………………………………………… 62
　8.2　企业所得税纳税技能实训 ………………………………………………… 63
　　实训 9　查账征收企业所得税核算与季度纳税申报 ………………………… 63
　　实训 10　查账征收企业所得税核算与年度纳税申报 ………………………… 64

项目 9　个人所得税与个人所得税纳税操作 ……………………………… 66
　9.1　个人所得税基本知识训练 ………………………………………………… 66
　　9.1.1　单项选择题 ……………………………………………………………… 66
　　9.1.2　判断正误题 ……………………………………………………………… 67
　　9.1.3　多项选择题 ……………………………………………………………… 68
　　9.1.4　业务计算题 ……………………………………………………………… 70
　9.2　个人所得税纳税技能实训 ………………………………………………… 71
　　实训 11　个人所得税核算与自行纳税申报 ………………………………… 71
　　实训 12　代扣代缴个人所得税核算与扣缴报告 …………………………… 72
　　实训 13　个体工商户个人所得税纳税申报 ………………………………… 73

项目 10　企业纳税筹划 …………………………………………………………… 74
　10.1　纳税筹划基本知识训练 …………………………………………………… 74
　　10.1.1　单项选择题 …………………………………………………………… 74
　　10.1.2　判断正误题 …………………………………………………………… 75
　　10.1.3　多项选择题 …………………………………………………………… 75
　　10.1.4　业务分析题 …………………………………………………………… 76

项目 11　企业纳税检查与账务调整 …………………………………………… 78
　11.1　纳税检查与账项调整基本知识训练 ……………………………………… 78
　　11.1.1　单项选择题 …………………………………………………………… 78
　　11.1.2　判断正误题 …………………………………………………………… 82
　　11.1.3　多项选择题 …………………………………………………………… 83
　　11.1.4　业务分析题 …………………………………………………………… 84

实训附件

项目 2　实训附件 ……………………………………………………………… 89

项目 3　实训附件 ……………………………………………………………… 113

项目 4　实训附件 ……………………………………………………………… 181

项目 5　实训附件 ……………………………………………………………… 207

项目 6　实训附件 ……………………………………………………………… 227

项目 8　实训附件 ……………………………………………………………… 263

项目 9　实训附件 ……………………………………………………………… 307

参考文献 …………………………………………………………………… 335

上　篇
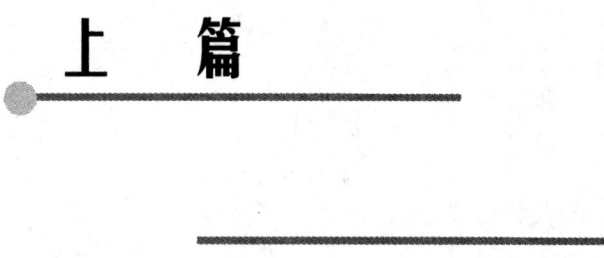

项目 1　企业纳税岗位基础工作准备

1.1　企业纳税岗位基本知识训练

1.1.1　单项选择题

1. 税收是国家财政收入的主要形式，国家征税凭借的是（　　）。
   A. 国家权利　　　　B. 政治权利　　　　C. 行政权利　　　　D. 财产权利

2. 税收的三个固有特征为（　　）。
   A. 广泛性、强制性、政策性　　　　　　B. 政策性、强制性、无偿性
   C. 无偿性、固定性、强制性　　　　　　D. 无偿性、自觉性、灵活性

3. 纳税义务人的权利没有（　　）项权利。
   A. 申请延期申报权　B. 保密权　　　C. 委托税务代理权　D. 按时、如实申报

4. 纳税人是指直接（　　）的单位和个人。
   A. 最终负担税款　　　　　　　　　　　B. 负有纳税义务
   C. 代收代缴税款　　　　　　　　　　　D. 向税务机关交纳税款

5. 税法的构成要素中，用以区别不同税种的标志是（　　）。
   A. 征税对象　　　B. 税目　　　　C. 纳税环节　　　D. 纳税人

6. 目前我国大多数税种的税率实行（　　）。
   A. 定额税率　　　B. 比例税率　　　C. 复合税率　　　D. 累进税率

7. 以下税种属于中央税的是（　　）。
   A. 增值税　　　B. 关税　　　C. 营业税　　　D. 个人所得税

8. 以下税种属于地方税的是（　　）。
   A. 消费税　　　B. 资源税　　　C. 契税　　　D. 企业所得税

9. 税收负担可以转嫁的税，称为（　　）。
   A. 价内税　　　B. 间接税　　　C. 直接税　　　D. 从价税

10. 纳税会计是以（　　）为准绳。
    A. 国家税收法律制度　　　　　　　　　B. 会计制度
    C. 会计准则　　　　　　　　　　　　　D. 公司法与合同法

11. 纳税人是税法规定直接负有纳税义务的单位和个人，也称（　　），它规定了税款的法律承担者。
    A. 纳税主体　　　B. 纳税客体　　　C. 征税主体　　　D. 征税客体

12. （　　）是指税法规定的对应纳税额的全部免征。
    A. 免税　　　B. 减税　　　C. 减率　　　D. 减额

13. （　　）是纳税人发生纳税义务后向国家缴纳税款的法定期限。

    A. 纳税地点　　　　B. 纳税期限　　　　C. 减免税期限　　　　D. 纳税环节

14. 某纳税人 A 领取工商营业执照后，在办理税务登记之前，其财务人员拨打了"12366"纳税服务热线，询问办理税务登记的相关手续。税务专员向其详细一次性告知办理程序和需要提交的资料。该纳税人按办理程序顺利办理了税务登记。这便是纳税人的（　　）。

    A. 监督权　　　　　B. 知情权　　　　　C. 委托代理权　　　　D. 说明权

15. 某税务局在日常管理中发现，B 公司在银行开设了三个账户，除基本账户外，其余账户未向税务机关报告。对于未按规定报告银行账号的事实，该税务局责令其在十日内向税务机关报告全部银行账号，并对 B 公司处以罚款。该税务局的行为（　　）。

    A. 不合法，因为损害了纳税人的保密权

    B. 合法，纳税人有报告其他涉税信息的义务

    C. 不合法，损害了纳税人的隐私权

    D. 不合法，但不应该处于罚款

16. 在（　　）计量下，资产按照购置时支付的现金的金额计量。

    A. 重置成本　　　　B. 历史成本　　　　C. 可变现净值　　　　D. 现值

17. 在会计核算中，产生权责发生制和收付实现制不同的记账基础所依据的会计基本假设是（　　）。

    A. 会计主体　　　　B. 持续经营　　　　C. 会计分期　　　　D. 货币计量

18. 下列属于会计信息质量的一般原则的是（　　）。

    A. 持续经营　　　　B. 实质重于形式　　　C. 会计分期　　　　D. 货币计量

19. 在遵循（　　）的原则下，企业对交易或者事项进行会计确认、计量和报告时，不应高估资产或者收益、低估负债或者费用。

    A. 重要性　　　　　B. 实质重于形式　　　C. 谨慎性　　　　　D. 可靠性

20. 从价计征的税收，以（　　）为计量依据。

    A. 重量　　　　　　B. 体积　　　　　　C. 计税金额　　　　D. 数量

1.1.2 判断正误题

1. 企业纳税会计的方法与一般财务会计的方法是不同的。（　　）

2. 依法纳税是每个企业和公民应尽的义务。（　　）

3. 企业纳税会计不应执行企业会计制度、会计准则所规定的会计科目，而是执行独立的会计科目。（　　）

4. 企业在对会计要素进行计量时，一般应当采用公允价值而非历史成本。（　　）

5. 企业税收实务工作的资料真实性，没有必要接受税务机关的监督检查。（　　）

6. 企业只有在办理税务登记之后，才能到指定的税务机关购买各种与业务相关的发票。（　　）

7. 企业办税人员不仅必须熟悉和掌握税法知识，还必须掌握好必要的会计知识。（　　）

8. 企业进行涉税会计业务核算时应设置"应交税费"科目。（　　　）

9. 纳税会计在核算和监督企业的纳税活动时，必须以税法为依据。（　　　）

10. "营业税金及附加"科目核算企业应纳的增值税、营业税、消费税、城市维护建设税、资源税、土地增值税和教育费附加等税费计提情况。（　　　）

1.1.3　多项选择题

1. 下列税种属于流转税的是（　　　）。
    A. 消费税　　　　　　B. 关税　　　　　　C. 营业税　　　　　　D. 土地增值税

2. 税率主要有 3 种类型：（　　　）。
    A. 比例税率　　　　　B. 累进税率　　　　C. 定额税率　　　　　D. 零税率

3. 税收的"三性"包括（　　　）。
    A. 强制性　　　　　　B. 无偿性　　　　　C. 有偿性　　　　　　D. 固定性

4. 计入利润表管理费用的税金有（　　　）。
    A. 营业税　　　　　　B. 房产税　　　　　C. 土地使用税　　　　D. 印花税

5. 下列各项，（　　　）属于纳税人或扣缴义务人的权利。
    A. 知情权　　　　　　B. 保密权　　　　　C. 税收监督权　　　　D. 申请延期申报权

6. 企业缴纳的下列各项税费，应通过"应交税费"科目核算的有（　　　）。
    A. 印花税　　　　　　B. 消费税　　　　　C. 房产税　　　　　　D. 城市维护建设税

7. 资产的特点是（　　　）。
    A. 资产是由过去的交易或事项所形成的　　B. 资产只能是企业拥有的经济资源
    C. 资产预期会给企业带来经济利益　　　　D. 资产是现实义务

8. 企业会计核算的基本前提包括（　　　）。
    A. 会计主体　　　　　B. 持续经营　　　　C. 货币计量　　　　　D. 会计分期

9. （　　　）均是企业税收实务的具体工作内容。
    A. 税务登记　　　　　B. 应纳税额的计算　C. 进行纳税申报　　　D. 税款的缴纳

10. 纳税会计的任务包括（　　　）。
    A. 正确计算应缴税款，及时进行会计处理
    B. 按照税法的规定合理及时足额缴纳各种税款，并相应地进行会计处理
    C. 发挥会计监督和税务监督的作用，促进企业正确处理分配关系
    D. 正确编制、及时报送会计报表和纳税申报表，认真执行税务机关的审查意见
    E. 进行企业税务活动的财务分析，改善经营管理、调节产品结构，提高经济效益

11. 征税对象分为（　　　）。
    A. 流转额　　　　　　B. 所得额　　　　　C. 资源　　　　　　　D. 财产
    E. 特定行为

12. 以计税依据为标准，税收可以分为（　　　）。
    A. 直接税　　　　　　B. 间接税　　　　　C. 从价税　　　　　　D. 从量税

13. 下列税种属于流转税的有（　　　）。
    A. 营业税　　　　　　B. 增值税　　　　　C. 消费税　　　　　　D. 印花税

14. 在我国税收法律关系中，征税主体一方是代表国家行使征税权力的国家机关有（　　）。

    A. 税务机关　　　　B. 中国人民银行　　C. 海关　　　　　　D. 企业主管部门

15. 税法构成要素中，（　　）是基本要素。

    A. 纳税人　　　　　B. 征税对象　　　　C. 纳税期限　　　　D. 税率

16. 国家税务主管机关的权力有（　　）。

    A. 制定税收法律　　B. 依法征税　　　　C. 进行税务检查　　D. 对违章者进行处罚

17. 下列属于中央税的有（　　）。

    A. 增值税　　　　　B. 消费税　　　　　C. 关税　　　　　　D. 营业税

18. 下列属于地方税的有（　　）。

    A. 印花税　　　　　B. 契税　　　　　　C. 车船使用税　　　D. 车辆购置税

19. 下列各项中，属于税务机关税收权利的有（　　）。

    A. 缓期征税权　　　B. 延期申报权　　　C. 行政复议权　　　D. 税收强制执行权

20. 下列各项中，属于税收法律关系权利主体的有（　　）。

    A. 人民政府　　　　B. 海关　　　　　　C. 财政机关　　　　D. 国家各级税务机关

1.1.4　思考题

1. 企业纳税会计的任务是什么？与财务会计有何关系？
2. 企业纳税会计的具体工作流程有哪些？
3. 企业会计核算的基本流程是什么？
4. 纳税人具有哪些权利与义务？

项目 2 企业纳税工作流程

2.1 企业纳税流程基本知识训练

2.1.1 单项选择题

1. 企业在外地设立的分支机构，自领取营业执照之日起（　　）日内，持有关证件，向税务机关申报税务登记。
   A. 15　　　　　B. 30　　　　　C. 60　　　　　D. 90

2. 《税收征管法》规定，从事生产经营的纳税人应当自领取（　　）之日起 15 日内，将其财务、会计制度或者财务、会计处理办法报送主管税务机关备案。
   A. 税务登记证件　　B. 发票领购簿　　C. 营业执照　　D. 财务专用章

3. 法律、行政法规法定负有代扣代缴、代收代缴税款义务的单位和个人称为（　　）。
   A. 纳税人　　　　　　　　　　B. 代扣代缴税款义务人
   C. 代收代缴税款义务人　　　　D. 扣缴义务人

4. 纳税人办理税务登记后，其登记事项发生变化且需在工商行政管理部门办理变更登记的，应在自工商部门办理变更登记之日起（　　）内，持有关证件向主管税务机关申报办理变更税务登记。
   A. 5 日　　　　　B. 10 日　　　　　C. 15 日　　　　　D. 30 日

5. 纳税人被工商行政管理机关吊销营业执照的，应当自营业执照被吊销之日起（　　）内，向原税务登记机关申请办理注销税务登记。
   A. 7 日　　　　　B. 10 日　　　　　C. 15 日　　　　　D. 30 日

6. 税务机关应自收到办理税务登记申报之日起（　　）日内审核并发给税务登记证件。
   A. 5　　　　　B. 10　　　　　C. 15　　　　　D. 30

7. 税务登记的种类不包括（　　）。
   A. 开业登记　　B. 变更登记　　C. 停业登记　　D. 免税登记

8. 由于不可抗力或财务会计处理上的特殊情况等原因，纳税人不能按期进行纳税申报的，经税务机关核准，可以延期申报，但最长不得超过（　　）。
   A. 1 个月　　　　B. 3 个月　　　　C. 半年　　　　D. 1 年

9. 从事生产、经营的纳税人应当按照国家有关规定，持税务登记证件，在银行或者其他金融机构开立基本存款账户和其他存款账户，并将其（　　）账号向税务机关报告。
   A. 基本存款　　B. 一般存款　　C. 临时存款　　D. 全部

10. 发票的存放和保管应按税务机关的规定办理，不得丢失和擅自损毁。已经开具的发票存根联和发票登记簿，应当保存（　　　）。

  A．1 年   B．2 年   C．3 年   D．5 年

11. 一般纳税人领购专用设备后，凭《最高开票限额申请表》、《发票领购簿》到主管税务机关办理（　　　）。

  A．报税   B．抄税   C．初始发行   D．专用发票认证

12. 因税务机关的责任，致使纳税人、扣缴义务人未缴或少缴税款的，税务机关在（　　　）内可以要求纳税人、扣缴义务人补缴税款，但是不得加收滞纳金。

  A．3 年   B．2 年   C．1 年   D．4 年

13. 税务机关征收税款时，必须给纳税人开具（　　　）。

  A．发票   B．完税凭证   C．代收税款凭证 D．行政收据

14. 对账簿、凭证、会计等核算制度比较健全的纳税人应采取的税款征收方式为（　　　）。

  A．查定征收   B．查账征收   C．查验征收   D．邮寄申报

15. 根据《税收征管法》的规定，纳税人未按规定的期限缴纳或者解缴税款的，税务机关除责令限期缴纳外，应当从滞纳税款之日起，按日加收滞纳税款（　　　）的滞纳金。

  A．0.5‰   B．2‰   C．0.3‰   D．1‰

16. 税务机关对当事人当场作出行政处罚决定，具有依法给予（　　　）元以下罚款或者不当场收缴罚款事后难以执行情形的，税务机关行政执法人员可以当场收缴罚款。

  A．50   B．20   C．100   D．200

17. 下列各项中，符合《税收征管法》延期缴纳税款规定的是（　　　）。

  A．延期期限最长不得超过 6 个月，同一笔税款不得滚动审批

  B．延期期限最长不得超过 3 个月，同一笔税款不得滚动审批

  C．延期期限最长不得超过 6 个月，同一笔税款经审批可再延期一次

  D．延期期限最长不得超过 3 个月，同一笔税款经审批可再延期一次

18. 扣缴义务人应当自收法律、行政法规规定的扣缴义务发生之日起（　　　）日内，按照所代扣、代收的税种，分别设置代扣代缴、代收代缴税款账簿。

  A．5   B．10   C．15   D．20

19. 从事生产、经营的纳税人外出经营，在同一地连续 12 个月内累计超过 180 天的，应当自期满之日起（　　　）内，向生产、经营所在地税务机关申报办理税务登记，税务机关核发（　　　）。

  A．15 日，临时税务登记证   B．15 日，临时税务登记证及副本

  C．30 日，临时税务登记证   D．30 日，临时税务登记证及副本

20. 复议机关应当自受理申请之日起（　　　）日内作出行政复议决定。情况复杂，不能在规定期限内作出行政复议决定的，经复议机关负责人批准，可以适当延长，并告知申请人和被申请人；但延长期限最多不超过 30 日。复议机关作出行政复议决定，应当制作行政复议决定书，并加盖印章。行政复议决定书一经送达，即发生法律效力。

  A．60   B．30   C．45   D．180

2.1.2 判断正误题

1. 纳税人如果在申报期内没有收入，可以不办理纳税申报。（   ）

2. 税务机关对可不设或应设而未设账簿的，或虽设账簿但难以查账的纳税人，可以采取查定征收方式。（   ）

3. 从事生产经营的纳税人到外县（市）从事生产经营活动的，必须持所在地税务机关填发的外出经营活动税收管理证明，向营业地税务机关报验登记，接受税务管理。（   ）

4. 纳税人须办理注销税务登记的，应在申报办理注销工商登记前，向原税务机关申报办理注销税务登记；在办理注销税务登记前，应当向税务机关结清应纳税款，缴销发票和其他税务证件。（   ）

5. 税务机关可依法到纳税人的生产、生活、经营场所和货物存放地检查纳税人应纳税的商品、货物或其他财产。（   ）

6. 税务登记证应每年换证一次。（   ）

7. 一般纳税人开具专用发票，应先报税后抄税。（   ）

8. 纳税人经营地点变动而涉及改变税务登记机关的，须向原税务机关办理变更税务登记。（   ）

9. 纳税人在纳税申报期内若有收入，应按规定的期限办理纳税申报；若无收入或在减免税期间，可以不办理纳税申报。（   ）

10. 办理了税务登记的纳税人当期未发生应税行为的，应进行零申报。（   ）

11. 纳税人因有特殊困难，不能按期缴纳税款的，经省、自治区、直辖市国家税务局、地方税务局批准，可以延期纳税3个月，但最长不得超过3个月。（   ）

12. 各不同税种规定的纳税期限不同，其申报时间也不同。（   ）

13. 设有两个以上机构并实行统一核算的纳税人，将货物从一个机构移送其他机构用于销售，这是企业内部行为，按规定可以不征收增值税。（   ）

14. 普通发票只能用于增值税小规模纳税人，不能用于增值税一般纳税人与营业税纳税人。（   ）

15. 行政复议决定书一经送达，即发生法律效力。（   ）

16. 行政复议终止应当书面告知当事人。（   ）

17. 重大、疑难行政复议申请标准，不能由复议机关自行确定。（   ）

18. 申请人申请行政复议，只能够以书面形式申请。（   ）

19. 税务行政复议是指当事人不服税务机关及其工作人员作出的税务具体行政行为，依法向上一级税务机关（复议机关）提出申请，复议机关经审理对原税务机关具体行政行为依法作出维持、变更、撤销等决定的活动。（   ）

20. 减税、免税是对某些纳税人的鼓励和照顾措施，是政府在一定时期给予纳税人的优惠。（   ）

2.1.3 多项选择题

1. 税务登记的种类，主要有（   ）。

　A. 开业税务登记　　　　　　　　　　　　B. 变更税务登记

  C. 注销税务登记   D. 停业与复业税务登记

2. 纳税人办理开业登记时，需提供（ ）。

  A. 营业执照副本原件   B. 生产、经营地址证明复印件

  C. 公司章程复印件   D. 法定代表人（负责人）居民身份证

3. 纳税人在办理注销登记前，应当向税务机关（ ）。

  A. 结清应纳税款、滞纳金、罚款 B. 提供清缴欠税的纳税担保

  C. 缴纳不超过 10 000 元的保证金 D. 缴销发票和税务登记证件

4. 依据《税收征管法》的规定，纳税人发生下列（ ）情形时，应依法办理变更税务登记。

  A. 法定代表人发生变化的   B. 依法吊销营业执照的

  C. 纳税人名称发生变化的   D. 纳税人发生解散的

5. 下列纳税人中不办理一般纳税人资格认定的是（ ）。

  A. 个体工商户以外的其他个人

  B. 选择按照小规模纳税人纳税的非企业性单位

  C. 选择按照小规模纳税人纳税的不经常发生应税行为的企业

  D. 规模小的企业

6. 当增值税小规模纳税人连续（ ）申报的累计应税销售额超过规定标准时，应当在（ ）申报期结束后（ ）内向主管税务机关报送《增值税一般纳税人申请认定表》，申请办理一般纳税人资格认定。

  A. 12 个月   B. 40 日（工作日） C. 第 12 个月   D. 30 日（工作日）

7. 需载入空白金税卡和 IC 卡的一般纳税人信息有（ ）。

  A. 企业税务登记代码   B. 开票限额

  C. 购票限量   D. 购票人姓名与密码

8. 税务登记证的使用要求是（ ）。

  A. 只限本人使用   B. 可以转借他人

  C. 不得损毁、涂改   D. 不得伪造或者买卖

9. 纳税人（ ）情况下可以申请延期纳税。

  A. 遇到人力不可抗拒的自然灾害 B. 可供纳税的财产等遭遇偷盗

  C. 办税人员轮岗   D. 可减免税时

10. 发票管理的内容包括发票的（ ）。

  A. 印刷和开具 B. 领购和保管 C. 取得和销毁 D. 拆本和外借

11. 根据发票管理办法及其实施细则的规定，税务机关在发票检查中享有的职权有（ ）。

  A. 调出发票转让   B. 调出发票查验

  C. 鉴定发票真伪   D. 复制与发票有关的资料

12. 纳税人进行纳税申报的主要方式有（ ）。

  A. 直接申报   B. 邮寄申报 C. 电子数据交换 D. 电报、电传方式

13. 下列可以采用"查定征收"方式征税的有（ ）。

  A. 依《税收征管法》可以不设账簿的 B. 账目混乱、凭证不全、难以查账的

  C. 外国企业会计账簿以外币计价的   D. 生产不固定的纳税人

14. 发票的使用要求包括（ ）。

  A. 不得转借、转让、代开发票   B. 经批准可拆本使用发票

  C. 不得扩大专业发票的使用范围   D. 禁止倒买倒卖发票

15. 税务机关检查纳税人存款账户时，须做到（ ）。

  A. 经县以上税务局（分局）局长批准 B. 凭全国统一格式的检查存款账户许可证

  C. 出示税务检查通知书   D. 为纳税人保密

16. 纳税人未按照规定使用税务登记证件，或者转借、涂改、损毁、买卖、伪造税务登记证件的，处（ ）以上 10 000 元以下的罚款；情节严重的，处（ ）以上（ ）以下的罚款。

  A. 2 000 元   B. 1 000 元   C. 10 000 元   D. 50 000 元

17. 下列关于税务机关实施税收保全措施的表述中，正确的有（ ）。

  A. 税收保全措施仅限于从事生产、经营的纳税人及扣缴义务人

  B. 只有在事实全部查清，取得充分证据的前提下才能进行

  C. 冻结纳税人的存款时，其数额要以相当于纳税人应纳税款的数额为限

  D. 个人及其抚养家属维持生活必需的住房和用品，不在税收保全措施的范围之内

18. 纳税人发生下列（ ）情形，不能按期纳税，经省级税务机关批准，可延期 3 个月纳税。

  A. 因不可抗力，导致纳税人发生较大损失，正常经营受较大影响

  B. 因客户拖欠货款，导致资金周转困难

  C. 因经营不善，长期处于亏损状态

  D. 当期货币资金扣除职工工资和社会保险费后，不足以纳税的

19. 下列选项中，属于税务机关征收税款的方式有（ ）。

  A. 查账征收   B. 查验征收   C. 查定征收   D. 定期定额征收

20. 我国《注册税务师管理暂行办法》规定，注册税务师可以接受委托人的委托从事下列（ ）业务代理。

  A. 办理税务登记、办理纳税、退税和减免税申报

  B. 建账记账

  C. 办理增值税一般纳税人资格认定申请

  D. 领购增值税专用发票

  E. 代为制作涉税文书、开展税务咨询、税收筹划、涉税培训

2.1.4 思考题

1. 简述怎样辨别发票真伪。

2. 简要描述从事生产、经营的纳税人到外县（市）进行生产经营的，应当如何向主管税务机关申请办理外出经营活动税收管理证明。

3. 列举你所了解的地方税务局所管辖的税种与国家税局所管辖的税种。

4. 税款缴纳按税法规定的征收方式有哪些？举例说明具体适应什么类型的纳税人。

2.2 企业纳税流程技能实训

实训 1 税务登记

【实训资料】

湖南湘拓电线电缆有限公司是汨罗市新市镇黄金街一家机电产品制造企业，公司执行《企业会计准则》，公司所在地邮编 414007，联系电话 0730-6688268，生产经营地址同注册地址为汨罗市新市镇黄金街，从业人数 120 人。公司 2012 年预计年销售额 800 万元。国定资产规模：1 000 万元。公司采用《企业会计制度》进行财务核算，会计核算以人民币为记账本位币，采用借贷记账法。公司财务制度健全，按规定设置了总账、明细账、日记账等账簿，能准确核算增值税应纳税额。公司法定代表是王杨胜，财务负责人是李小国，会计（兼办税）是王毅，出纳是党舒。主管税务机关为汨罗市直属税务分局。请准备税务登记所需的资料，填写开业税务登记表，进行开业税务登记办理工作（假定企业在 2012 年 7 月 24 日办理税务登记，并同时进行办理增值税一般纳税人认定登记。于 2012 年 8 月 20 日领取了《税务登记证》，于 2012 年 8 月 24 日进行办理税种认定登记）。

公司相关证件见"项目 2 实训附件"（89 页）。

【实训内容】

（1）办理新办企业开业税务登记。

（2）办理企业税种认定登记。

（3）办理增值税一般纳税人申请认定登记。

【操作程序】

开业登记办理流程如图 2-1 所示。

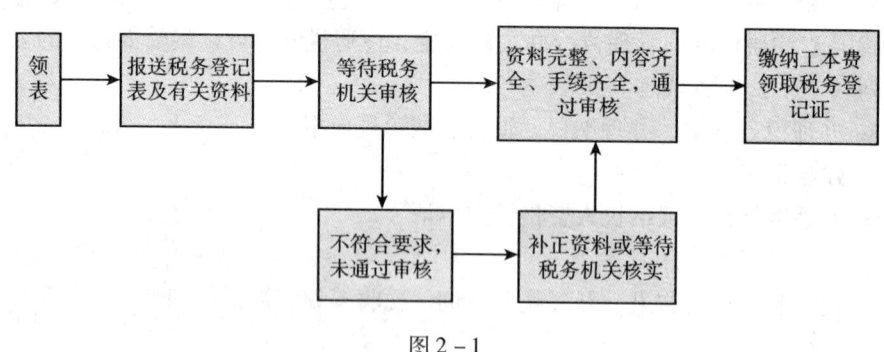

图 2-1

【实训备用物品】

碳素或蓝墨水的钢笔、营业执照副本、公司章程（协议）复印件、组织机构代码证书副本、银行开户许可证。

【实训操作要求】

税务登记是企业整个纳税活动的起点。应该在参考学习新《中华人民共和国税收征收管理法》、新《增值税一般纳税人资格认定管理办法》、《中华人民共和国发票管理法实施细则》、《增值税专用发票使用规定》、《会计法》、《企业会计制度》、《关于纳税人权利与义务的公告》（2009 年 11 月 6 日国家税务总局发布）、税收法律基本知识、基本会计知识的基础上，熟悉运用基本知识与方法，进行税务登记和今后的纳税申报工作。

【实训过程】

（1）填报税务登记表。

① 领取并填写《税务登记表》。

② 列出附送税务机关的相关资料清单。

（2）领取并填报《增值税一般纳税人申请认定表》等相关表格（假设税务机关核发的税务登记证载明单位纳税人识别码是 430101137636816，企业编码为 00745568）。

（3）填写纳税人税种登记表及附表。

【实训成果】

领取并保管好税务证件，亮证经营：税务登记证、国税税务登记证（正本）和税务登记证（副本）、地税税务登记证（正本）和地税税务登记证（副本）。

实训 2　发票领购与开具

【实训资料】

湖南湘拓电线电缆有限公司基本情况：纳税人识别号为 430101137636816，开户行为工行汨罗香樟分理处，账号为 18010011220010 0888，地址为汨罗市新市镇黄金街。办税员（兼开票员）为王毅，身份证号 430111198706124016。单位需要领购发票如下（于 2012 年 9 月 6 日办理发票领购业务）：增值税普通发票和增值税专用发票。普通发票月估量为 200 份/月，核定为万元版三联票，每次申领 200 份，主要用于零售业务（估计用量 200 份）；增值税专用发票月估量为 200 份/月，每次申领 200 份，专用发票依业务量大小被核定使用十万元版三联电脑票。

【实训内容】

（1）领购普通发票。

（2）领购增值税专用发票。

（3）开具蓝字、红字增值税专用发票。

【操作程序】

（1）了解经济业务来龙去脉，熟悉经济业务内容，审核经济业务的合法性。

（2）准备好填开票据的用品用具，如水笔，发票专用章或财务专用章等相关印章。

（3）根据税务机关有关涉税票证的管理要求，分栏目从上到下逐项填开。

【实训操作要求】

（1）进行实训操作之前，全面复习《出纳实务》中有关发货票填开的基本知识，《税收管理》中有关发货票和税收票证开具的基本规定。

（2）发货票是记载经济业务和计税的主要法律依据，填开发票时要仔细、认真，填写的文字和数据清晰、准确，各项目填写齐全。

（3）多联发货票或税收票证，要一次复写，不得分开或多次填写。错填票证应作废，并在票证上加盖作废印章。

【实训过程】

（1）准备领购普通发票所需的材料，填写普通发票领购簿申请审批表，进行领购普通发票的工作。

（2）准备领购增值税专用发票所需的资料，填写领取增值税专用发票领购簿申请书、最高开票限额申请表，进行领购增值税专用发票工作。

（3）2012年9月11日销售给武汉华瑞有限责任公司三相异步电动机（YC-2型号）共150台，不含税单价为价款568元/台。开具增值税专用发票。

2012年11月10日，上月销售给武汉华瑞有限责任公司三相异步电动机（YS-2型号），由于质量问题，对方退货50台。开具红字增值税专用发票，见"项目2实训附件"（89页）。

【实训成果】

（1）领购普通发票。

凭税务登记证副本到主管税务机关领取并填写发票领购簿申请审批表，同时提交如下材料：经办人身份证明（居民身份证或护照）、财务专用章或发票专用章印模及主管税务机关要求报送的其他材料。

（2）领购增值税专用发票。

已经认定的增值税一般纳税人，凭增值税一般纳税人申请认定表，到主管税务机关发票管理环节领取并填写增值税专用发票领购簿申请书。然后提交下列资料：①领取增值税专用发票领购簿申请书；②盖有增值税一般纳税人确认专用章的税务登记证副本；③办税员的身份证明；④财务专用章或发票专用章印模；⑤领取最高开票限额申请表。

（3）开具增值税专用发票。

（4）开具增值税红字专用发票（相关表证见"项目2实训附件"（89页））。

项目 3　增值税与企业增值税纳税操作

3.1　增值税基本知识训练

3.1.1　单项选择题

1. 下列经营行为，属增值税征收范围的是（　　）。
   A. 某社会团体下属企业销售货物　　　　B. 个人向受雇企业提供修理修配劳务
   C. 某工业企业附属饭店对外提供饮食服务　　D. 某企业将一台设备对外出租
2. 下列货物适用17%税率的是（　　）。
   A. 生产销售啤酒　　　　　　　　　　　B. 生产销售煤炭
   C. 生产销售石油液化气　　　　　　　　D. 生产销售暖气
3. 下列行为属于视同销售行为的是（　　）。
   A. 将自产、委托加工或购买的货物用于对外赞助
   B. 将自产、委托加工或购买的货物用于职工福利
   C. 将自产、委托加工或购买的货物用于在建工程
   D. 将自产、委托加工或购买的货物用于非应税项目
4. 以下不属于增值税纳税人的是（　　）。
   A. 个人　　　　　　　　　　　　　　　B. 外商投资企业
   C. 会计制度不健全的企业　　　　　　　D. 在境外提供修理修配劳务的企业
5. 下列货物目前允许按7%抵扣进项税额的有（　　）。
   A. 购进免税农产品　　　　　　　　　　B. 购进废旧物资
   C. 购进固定资产　　　　　　　　　　　D. 购进原材料支付的运输费用
6. 下列行为必须视同销售货物，应征收增值税的是（　　）。
   A. 某商店为厂家代销服装　　　　　　　B. 某公司将外购饮料用于个人消费
   C. 某企业将外购钢材用于在建工程　　　D. 某企业附属餐厅销售外卖
7. 进口货物的增值税由（　　）征收。
   A. 进口地国家税务局　　　　　　　　　B. 海关
   C. 交货地国家税务局　　　　　　　　　D. 进口方所在地国家税务局
8. 某增值税一般纳税人为尽快收回货款，采用折扣方式销售货物，其发生的现金折扣金额处理正确的是（　　）。
   A. 冲减销售收入，但不减少当期销项税额
   B. 冲减销售收入，同时减少当期销项税额
   C. 增加销售费用，减少当期销项税额

D. 全部计入财务费用，不能减少当期销项税额

9. 纳税人为销售而出租、出借包装物收取的押金，增值税正确的计税方法是（　　　）。

    A. 单独记账核算的，一律不并入销售额征收增值税，对逾期包装物押金，均并入销售额征税

    B. 酒类产品包装物押金，一律并入销售额计税其他货物押金，单独记账核算的，不并入销售额征税

    C. 对销售除啤酒、黄酒之外的其他酒类产品收取的包装物押金均应并入当期销售额征税，其他货物押金，单独记账而且没有逾期者，不计算缴纳增值税

    D. 无论会计如何核算，均应并入销售额计算缴纳增值税

10. 纳税人销售的下列货物中，属于免征增值税的货物是（　　　）。

    A. 销售农业机械　　　　　　　　　　B. 销售自产的农产品

    C. 销售日用百货　　　　　　　　　　D. 销售煤炭

11. 某汽车制造商将一辆新开发的小轿车赠送给某高校，由于无同类轿车价格，其应纳增值税的销售额应等于（　　　）。

    A. 制造成本（1＋成本利润率）

    B. 制造成本（1＋成本利润率）＋消费税

    C. 制造成本（1＋成本利润率）÷（1＋消费税税率）

    D. 制造成本（1＋成本利润率）÷（1＋增值税税率）

12. 某商业性小规模纳税人销售某种商品，获得含税收入共2 060元；该商品进货时支付价款1 000元和增值税额170元，则该纳税人应缴纳增值税为（　　　）。

    A. 129.32元　　　B. －110元　　　C. 30元　　　D. 60元

13. 某零售企业为一般纳税人，本月销售收入为29 250元，该企业当月计税销售额为（　　　）元。

    A. 25 884　　　B. 25 000　　　C. 27 594　　　D. 35 240

14. 某服装厂将自产的服装作为福利发给本厂职工，该批产品制造成本共计10万元，利润率为10%，按当月同类产品的平均售价计算为18万元，计征增值税的销售额为（　　　）。

    A. 10万元　　　B. 9万元　　　C. 18万元　　　D. 11万元

15. 某纳税人采取折扣销售方式销售货物，其折扣额单独开发票，增值税销售额的确定是（　　　）。

    A. 扣除折扣额的销售额　　　　　　　B. 加上折扣额的销售额

    C. 折扣额　　　　　　　　　　　　　D. 不扣减折扣额的销售额

16. 某厂商某月将产品分别以10元、11元和5元（被认定为偏低价格）的单价销售给甲、乙、丙各100件，则当月该厂商的销售额在计算其销项税时应被核定为（　　　）。

    A. 2 600元　　　B. 3 150元　　　C. 3 000元　　　D. 3 300元

17. 增值税一般纳税人外购下列货物，允许抵扣进项税额的是（　　　）。

    A. 外购工程物资　　　　　　　　　　B. 外购厂房

    C. 外购用于个人消费的货物　　　　　D. 外购设备修理用备件

18. 某商场实行还本销售家具，家具现售价 16 500 元，5 年后还本，该商场增值税的计税销售额是（ ）。

    A. 不征税   B. 3 300   C. 1 650   D. 16 500

19. 某增值税一般纳税人某月外购材料 10 000 千克，每千克支付价款和税款分别为 2 元和 0.34 元。在运输途中因管理不善被盗 1 000 千克。运回后以每 3 千克材料生产成品 1 盒的工艺生产产品 3 000 盒，其中 2 200 盒用于直接销售，300 盒用于发放企业职工福利，500 盒因管理不善被盗。那么，该纳税人当月允许抵扣的进项税额应为（ ）。

    A. 3 400 元   B. 2 550 元   C. 3 060 元   D. 2 244 元

20. 下列情形中不应当开具增值税专用发票的是（ ）。

    A. 向消费者销售应税项目   B. 销售代销货物

    C. 将货物作为投资提供其他单位   D. 将货物无偿赠送他人

21. 某家用电器生产厂（增值税一般纳税人）以"买二赠一"方式销售货物。2011 年 10 月销售高清液晶电视机 50 台，售价总额（含税）234 000 元，同时赠送电磁炉 25 台，每台市场价格（不含税）为 1 170 元。该生产厂家此项业务应申报的销项税额是（ ）元。

    A. 38 972.5   B. 34 000   C. 38 250   D. 69 030

22. 某生产企业（一般纳税人）月末盘存发现上月购进的原材料被盗，金额 50 000 元（其中含分摊的运输费用 4 650 元）。该批货物进项税额转出数额为（ ）。

    A. 8 013.7 元   B. 8 035.5 元   C. 8 059.5 元   D. 8 500 元

3.1.2 判断正误题

1. 我国现行的增值税是对在中华人民共和国境内销售货物，或提供加工、修理修配劳务的单位和个人，就其取得的货物或应税劳务销售额计算税款，并实行税款抵扣制的一种流转税。（ ）

2. 无论是一般纳税人还是小规模纳税人，其增值税的计税依据都是不含增值税的销售额。（ ）

3. 某增值税一般纳税人用当月已认证的外购原材料的 50% 加工制造成产品实现销售，则计算其销售产品的应纳增值税时只允许其抵扣外购原材料 50% 的进项税额，而不能全部抵扣。（ ）

4. 增值税一般纳税人违反进项税额抵扣时间规定的，按偷税论处，税务机关一经查出，应从当期进项税额中剔除，并在该进项发票上注明，待以后货物到达或验收入库，或支付款项后，再计入进项税额申报抵扣。（ ）

5. 增值税货物的混合销售行为是指纳税人销售多种产品或者提供多种劳务的行为。（ ）

6. 增值税一般纳税人兼营非应税劳务行为的，其兼营行为中用于非应税劳务的购进货物或者应税劳务的进项税额，可以在计算增值税时从销项税额中抵扣。（ ）

7. 实物折扣不能从货物销售额中减除，且该实物应按增值税条例"视同销售货物"中的"赠送他人"计算征收增值税。（ ）

8. 一般纳税人将货物用于集体福利或个人消费，其增值税专用发票开具的时限为货物移送的当天。（　　）

9. 小规模纳税人销售货物或者应税劳务的征收率为3%。（　　）

10. 增值税纳税人单位，其总机构和分支机构不在同一县（市）的，应当分别向各自所在地主管税务机关申报纳税。（　　）

11. 增值税专用发票只限于增值税的一般纳税人和小规模纳税人领购使用，非增值税纳税人不得领购使用。（　　）

12. 运费进项抵扣并非只在购买方，应该分析确定。（　　）

13. 凡随同销售货物或提供应税劳务向购买方收取的价外费用，无论其会计制度如何核算，均应并入销售额计算应纳税额。（　　）

14. 小规模纳税人不能享受税收抵扣权，其采购货物或者接受应税劳务，无论是取得增值税专用发票还是普通发票，所支付的税款均需直接计入所采购货物或者接受应税劳务的成本。（　　）

15. 对代开、虚开增值税专用发票的，一律按票面所列货物的适用税率全额征补税款。征补税款后，不再处罚。对纳税人取得代开、虚开的增值税专用发票，不得作为合法凭证抵扣进项税额。（　　）

3.1.3　多项选择题

1. 依据现行增值税法，下列业务可以计算抵扣进项税额的是（　　）。
   A. 购进免税农产品所支付的运费
   B. 购进建筑材料用于维修企业厂房
   C. 进口一批零配件用于组装、修理自用设备
   D. 购买一台设备用于更换旧设备

2. 根据现行增值税法，下列关于增值税纳税义务发生时间的规定，正确的是（　　）。
   A. 采取直接收款方式销售货物，不论货物是否发出，均为收到销售额或取得销售额的凭据，并将提货单交给买主的当天
   B. 采取托收承付和委托银行收款方式销售货物，为发出货物并办妥托收手续的当天
   C. 采取赊销和分期收款方式销售货物，为按合同约定的收款日期的当天
   D. 委托其他纳税人代销货物，为代销货物交给受托方的当天

3. 我国现行增值税的征收范围包括（　　）。
   A. 在中国境内销售货物　　　　　　　　B. 在中国境内提供应税劳务
   C. 进口货物　　　　　　　　　　　　　D. 过境货物

4. 以下单位或者个人发生的行为，属于增值税的征收范围的是（　　）。
   A. 进口固定资产设备　　　　　　　　　B. 销售商品房
   C. 受托加工的卷烟　　　　　　　　　　D. 生产销售电力

5. 可以按纳税人支付金额的7%申请抵扣进项税额的运输费用，是指包含（　　）在内的运输费用。
   A. 运费　　　　B. 保险费　　　　C. 装卸费　　　　D. 建设基金

6. 下列行为中，属于视同销售货物应征增值税的行为有（　　）。

A. 委托他人代销货物 B. 销售代销货物
C. 将外购的货物用于非应税项目 D. 将自产的货物分给职工做福利

7. 下列行为中属于增值税的征收范围的是（　　）。
A. 纳税人将外购的货物作为股利发放给股东
B. 纳税人将自产的货物用于集体福利
C. 纳税人将委托加工收回的货物直接销售
D. 纳税人将外购的货物用于个人消费

8. 一般纳税人销售货物，适用13%税率的是（　　）。
A. 销售食用植物油 B. 销售机器 C. 销售化妆品 D. 销售化肥

9. 下列货物免征增值税的是（　　）。
A. 将自产的饮料作为福利发放给本厂职工
B. 出售自己使用过的物品
C. 国际组织无偿援助的进口物资和设备
D. 古旧图书

10. 对增值税视同销售行为征税，根据不同情况，可按（　　）确定其销售额。
A. 当月或近期同类货物的平均成本价 B. 当月或近期同类货物的平均销售价
C. 当月或近期同类货物的最高售价 D. 组成计税价格

11. 增值税一般纳税人发生的下列业务的支出，允许抵扣进项税额的包括（　　）。
A. 销售货物支付的运输费用和建设费
B. 外购货物支付的运输费用和建设费
C. 向小规模纳税人购买农业产品的支出
D. 向农业生产单位购买免税农产品的支出

12. 根据增值税有关规定，一般纳税人在哪种情况下，不可以开具增值税专用发票？
（　　）
A. 商品零售企业出售给消费者的货物 B. 生产企业出售给小规模纳税人的货物
C. 生产企业出售给一般纳税人的货物 D. 小规模生产企业出售给批发企业的货物

13. 下列哪几种情况，纳税人只开具普通发票而不能开具专用发票？（　　）
A. 向消费者销售货物或者提供应税劳务的
B. 销售免税货物的
C. 小规模纳税人销售货物或者提供应税劳务的
D. 向小规模纳税人销售货物或者提供应税劳务的

14. 按增值税有关规定，纳税人外购如下货物不能作为进项税额抵扣的有（　　）。
A. 外购应交消费税的固定资产 B. 外购货物用于免税项目
C. 外购货物用于个人消费 D. 外购货物用于无偿赠送他人

15. 下列属于兼营行为的有（　　）。
A. 某自来水厂另开一家不单独核算的取暖器材经营部
B. 某商场既批发零售商品又开办饮食服务业务
C. 某设备生产企业，销售产品同时负责运输
D. 某运输企业既销售货物又负责运输所销售的货物

16. 按照增值税的纳税义务发生时间的规定，下列说法错误的是（ 　　 ）。

A. 采取委托银行收款结算方式的，为发出货物并办妥托收手续的当天

B. 采取预收货款方式销售货物，一律为货物发出的当天

C. 采取赊销和分期收款结算方式，且无书面合同的，为发出货物的当天

D. 将货物交付给他人代销，为收到受托人送交货款的当天

17. 下列关于增值税的计税销售额规定，说法正确的有（ 　　 ）。

A. 以物易物方式销售货物，由多交付货物的一方以价差计算缴纳增值税

B. 以旧换新方式销售货物，以新货物不含增值税的价款计算缴纳增值税（金银首饰除外）

C. 以还本销售方式销售货物，以实际销售额计算缴纳增值税，不得从销售额中减除还本支出

D. 以销售折扣方式销售货物，不得从计税销售额中扣减折扣额

18. 依照增值税的有关规定，下列货物销售，适用13%增值税的税率的有（ 　　 ）。

A. 石油液化气　　　　B. 天然气　　　　　C. 金属矿产品　　　　　D. 方便面

19. 下列各项中属于视同销售行为应当计算销项税额的有（ 　　 ）。

A. 将自产的货物用于非应税项目　　　　B. 将购买的货物委托外单位加工

C. 将购买的货物无偿赠送他人　　　　　D. 将购买的货物用于集体福利

20. 根据增值税专用发票管理制度规定，下列情况不得开具增值税专用发票的有（ 　　 ）。

A. 生产企业直接销售免税货物

B. 轮胎厂将轮胎销售给汽车厂（一般纳税人）

C. 酒厂直接向消费者销售白酒

D. 农业生产者销售免税农产品

3.1.4　业务计算题

1. 恒大商场是增值税一般纳税人，2012年4月初留抵税额2 000元，4月份发生下列业务：

（1）购入商品一批，取得税控发票，已认证，价款20 000元，税款3 400元，款未付，货物已入库；

（2）购买五金一批用于修缮大卖场内空调，价款30 000元，税款5 100元，款未付，税控发票已通过认证；

（3）从农民手中收购大豆1吨，税务机关规定的收购凭证上注明收购款3 200元，发票已比对相符；

（4）从小规模纳税人处购买商品一批，取得税务机关代开的专用发票，价款30 000元，税款2 000元，款已付，货物未入库，发票已认证；

（5）汇总零售日用商品，共取得含税收入120 000元；

（6）3个月前从农民手中收购的一批粮食毁损，账面成本5 220元。

要求计算：

（1）当期增值税可抵扣的进项税；

（2）当期增值税销项税；

（3）当期应纳的增值税额。

2. 长沙电视机厂2013年4月发生下列几笔购销业务：

（1）向某商场销售彩色电视机120台，每台售价2 850元（不含税），销货款已收到；

（2）购入电子元器件，价款18万元，取得增值税专用发票，注明的增值税进项税额为30 600元，发票已认证；

（3）为装修该厂展销厅，购入建筑装饰材料，支付价税合计款117 000元，取得增值税专用发票注明的进项税额为17 000元；

（4）为厂办购入宝马小轿车一辆，取得的增值税专用发票上注明价款300 000元，税额51 000元。

试计算电视机厂当月应纳增值税的税额。

3. 星星饮料厂6月份销售汽水、果茶饮料，实现销售额60万元，收取增值税销项税额10.2万元；当月购入白糖、山楂、柠檬酸等原料15万元，取得增值税专用发票，注明的增值税进项税额为25 500元，原料都已入库。另外，厂领导考虑到职工暑期工作辛苦，对全厂200名职工每人发送一箱汽水、一箱果茶，每箱汽水成本为50元，售价为80元，每箱果茶成本为80元，售价为135元。当月该厂为职工食堂购进一台大冰柜，取得的增值税专用发票上注明的进项税额是5440元，还为厂里的幼儿园购进一批儿童桌椅、木床，取得的增值税专用发票上注明的进项税额为1 360元。试计算该企业当月应纳增值税额。

4. 宏盛机械厂系增值税一般纳税人。2012年5月份同时生产免税产品甲与应税产品乙，本期两种产品共同负担的外购燃料柴油10吨，已知该批柴油外购时取得的增值税专用发票上注明的价款87 300元，税款14 841元，专用发票已认证。当月该厂甲乙两种产品销售收入总额为350 000元，其中，甲产品收入200 000元。已知乙产品适用13%的增值税率，试计算该企业应纳的增值税额，并进行相应的会计处理。

5. 某机械厂为增值税一般纳税人，采用直接收款结算方式销售货物，本月发生下列经济业务：

（1）10日开出增值税专用发票，销售甲产品50台，单价8 000元，并交于购货方。

（2）将20台乙产品分配给投资者，单位成本6 000元，没有同类产品销售价格。

（3）基本建设工程领用库存原材料1 000公斤，不含税单价50元，计50 000元。

（4）改建、扩建幼儿园领用库存原材料200公斤，不含税单价50元，另领用乙产品一台。

（5）本月管理不善，损耗钢材8吨，不含税单价2 000元，作待处理财产损失处理。

（6）本月发生购进货物的全部进项税额为70 000元，发票均已认证或比对相符。购销货物增值税税率均为17%。

根据以上资料试计算本月应交增值税额。

6. 长沙鑫源贸易公司2013年4月3日从韩国进口彩色电视机200台，4月5日报关，海关审定的关税完税价格为每台1 000元，关税税率为10%，增值税税率为17%。请计算鑫源贸易公司该批进口彩电的增值税应纳税额。

7. 友阿商场为增值税一般纳税人，从事百货的批发和零售业务，2013年3月份经济业务如下：

（1）3 日—10 日，购进一批货物，取得增值税专用发票注明的货款为 10 万元，增值税为 1.7 万元，向小规模纳税人销售货物金额为 23 400 元，柜台零售货物金额为 11 700 元。

（2）11 日—20 日，购进一批货物，取得增值税专用发票注明的货款为 20 万元，增值税为 3.4 万元，向一般纳税人销售一批货物，货款为 120 万元。

（3）另"三八"节，以库存商品不含税价值 20 000 元为女职工搞福利。

（4）21 日—31 日，购进一批货物，取得增值税专用发票注明的货款为 5 万元，增值税为 8 500 元。柜台零售货物的销售额为 234 000 元，另外卖出一台空调机给消费者个人，含税价款 5 850 元，并上门为顾客安装，另外收取安装费 117 元。（注：当月专用发票已认证或比对相符。）

要求：根据以上资料计算 3 月份应纳增值税额。

8. 湖南宏通公司为增值税一般纳税人，适用税率为 17%，取得的合法抵扣凭证均已认证或比对相符。2013 年 4 月发生如下业务：

（1）销售 A 产品给某大型商场，收取了货款，开具了增值税专用发票，取得不含税销售额 80 万元。

（2）销售乙产品给小规模企业，收取货款，开具普通发票，取得含税销售额 29.25 万元。

（3）将试制的一批应税新产品用于本企业基建工程，成本价为 10 万元，成本利润率为 10%，该产品无同类产品市场销售价格。

（4）销售 2009 年 3 月购进作为固定资产使用的小碴土车 1 辆，开具普通发票，取得含税销售额 11.7 万元，该车原值每辆 9 万元，已提折旧 5 000 元。

（5）从农业生产者购进免税农产品一批，支付收购价 20 万元，支付给运输单位的运费 5 万元，取得相关的合法票据，当月中旬将购进农产品的 20% 用于本企业职工福利。

（6）购进货物取得增值税专用发票，注明支付的货款 80 万元，进项税额 13.6 万元，另支付购货的运输费 6 万元，取得运输公司开具的普通发票。

要求：

（1）根据以上资料计算 4 月份应纳增值税额，并注明是否取得相关原始票据；

（2）进行相应的会计处理。

3.2　企业增值税纳税技能实训

实训 3　一般纳税人增值税核算与纳税申报

【实训资料】

湘江有限责任公司是长沙市一家机械制造企业，为增值税一般纳税人，适用税率为 17%，上期留抵的增值税额为 27 800 元，公司执行《企业会计准则》，存货按实际成本计价，附设非独立核算食品加工厂，加工旺望膨化食品。该公司的基本资料如表 3-1 所示。

表 3 - 1 "原材料" 明细账户 2012 年 5 月初余额

材料名称	计量单位	数量	单位成本	金额
铜	kg	2 400	50	120 000.00
铝	kg	6 400	12	76 800.00
螺纹钢	t	8	3 005	24 040

开户银行为中国工商银行长沙市分行香樟分理处，账号为 18000112200100888，纳税人识别号为 430602002234678，主管国税机关为长沙市国家税务局五分局，主管地税机关为长沙市地方税务局五分局，经营地址为长沙市解放街 208 号，电话为 0731 - 83133666，注册资本为 5 000 万元人民币，法定代表人为郭朝阳，财务主管为李林，会计为赵星，办税员为张山，出纳员为陈洁，职工人数为 1 200 人。

假设湘江有限责任公司 5 月份取得的专用发票，收购凭证、运费发票均已办理认证。假设公司 2012 年 5 月份的增值税纳税申报表于 2012 年 6 月 8 日报出。湘江有限责任公司 2012 年 5 月份共发生的与增值税相关的业务见 "项目 3 实训附件"（113 页）。

【实训内容】

（1）外购原材料业务、外购劳务业务，收购农产品业务，购置固定资产业务。

（2）委托代销业务，委托加工业务，对外提供应税劳务。

（3）销售产品业务、销售原材料业务，视同销售业务。

（4）自产货物自用业务、销货退回业务、非正常损失业务等。

【操作程序】

（1）根据涉税业务原始凭证进行账务处理，填制记账凭证。

（2）根据原始凭证、记账凭证，登记 "应交税费——应交增值税" 二级明细账户等明细账户。

（3）编制增值税应纳税额汇总计算表。

（4）填制一般纳税人《增值税纳税申报表》及其附列资料表，办理增值税纳税申报手续。

【实训备用物品】

（1）记账凭证：收款凭证、付款凭证、转账凭证。

（2）会计账簿：总分类账、三栏式明细账、多栏式增值税专用明细账。

（3）工作底稿：增值税应纳税额汇总计算表。

（4）纳税申报表：《增值税纳税申报表（一）》、《增值税纳税申报表附列资料表（一）（二）》、《固定资产进项税额抵扣情况表》。

【实训操作要求】

（1）在进行实训操作之前，应全面复习增值税法、增值税涉税业务的账务处理方法、增值税涉税账户录入方法、增值税专用发票管理规定。

（2）将实训操作过程视同从事实际工作，务必做到亲自动手，且认真、严谨，笔笔清晰，字字端正，数据准确。

【实训成果】

1. 以制单员的身份审核 2012 年 5 月份发生的经济业务所取得的原始凭证，编制增值税涉税业务记账凭证。

2. 登记"应交税费——应交增值税"明细账。

3. 填制增值税纳税申报表及附表资料。

实训 4 小规模纳税人增值税核算与纳税申报

【实训资料】

企业名称为湖南恒彩服饰有限公司，注册地为湖南省衡阳市虎山路 20 号，注册资金为 30 万元，电话号码为 0734 – 2111333，开户行为中国银行雁城支行，账号为 314074791908，国税局税务登记类型为增值税小规模纳税企业，纳税人登记号为 430897407030041，法人代表为杨凯，财务经理为邹霞，记账兼办税员为学生本人，制单为唐燕，审核为邹霞，出纳员为尹静，主营业务为服装的生产及销售。选用的会计政策：从 2008 年 1 月 1 日起执行新《企业会计准则》，原材料、库存商品采用实际成本计价核算，采用记账凭证处理程序登记总账。

湖南恒彩服饰有限公司 2012 年 12 月 31 日部分往来账户余额如表 3 – 2 所示。

表 3 – 2 账户余额

账户名称	借方金额（元）	贷方金额（元）
预付账款——湖北枝江有限公司	20 000.00	
预收账款——衡阳市富丽服饰有限公司		40 000.00
应交税费——应交增值税		1 200.00
应交税费——应交城市建设维护税		84.00
应交税费——应交教育费附加		54.00

湖南恒彩服饰有限公司 2013 年 1 月发生部分交易或事项，办税员于 2 月 8 日报税。其相关原始凭证见"项目 3 实训附件"的一般纳税人增值税技能实训附件（113 页）。

【实训内容】

（1）根据审核无误的原始凭证，填制增值税涉税记账凭证，并登记"应交税费——应交增值税"明细账。

（2）准确计算应缴的增值税额，并及时正确地进行增值税纳税申报工作。

【操作程序】

（1）根据涉税业务原始凭证进行账务处理，填制记账凭证。

（2）根据原始凭证、记账凭证，登记"应交税费——应交增值税"。

（3）填制小规模纳税人《增值税纳税申报表》，办理增值税纳税申报手续。

【实训备用物品】

通用记账凭证、应交增值税三栏式明细账、《增值税纳税申报表（适应小规模纳税人）》。

【实训操作要求】

（1）在进行实训操作之前，应全面复习增值税法、增值税涉税业务的账务处理方法、区别增值税一般纳税人涉税账户录入方法、增值税专用发票管理的规定。

（2）将实训操作过程视同从事实际工作，务必做到亲自动手，且认真、严谨，笔笔清晰，字字端正，数据准确。

【实训过程】

1. 以制单员的身份审核2013年1月份发生的经济业务所取得的原始凭证，编制增值税涉税业务记账凭证。

【实训成果】

（1）以制单员的身份审核2013年1月份的原始凭证，编制记账凭证。

（2）登记"应交税费"总分类账。

（3）填制增值税纳税申报表办理好纳税申报工作（相关表证见"项目3实训附件"的小规模纳税人增值税技能实训附件（163页））。

项目4 消费税与企业消费税纳税操作

4.1 消费税基本知识训练

4.1.1 单项选择题

1. 钻石消费税的纳税环节是（　　）。
   A. 打磨出厂环节　　　　　　　B. 进口环节
   C. 委托加工提货环节　　　　　D. 零售环节

2. 某纳税人自产一批化妆品用于本企业职工福利，没有同类产品价格可比照，需按组成计税价格计算缴纳消费税。其组成计税价格为（　　）。
   A.（材料成本＋加工费）÷（1－消费税税率）
   B.（成本＋利润）÷（1－消费税税率）
   C.（材料成本＋加工费）÷（1＋消费税税率）
   D.（成本＋利润）÷（1＋消费税税率）

3. 消费税纳税人采取赊销和分期收款结算方式的，其纳税义务的发生时间为（　　）。
   A. 发出货物的当天　　　　　　B. 收到货款的当天
   C. 合同规定的收款日期当天　　D. 双方约定的任一时间

4. 依据消费税的有关规定，下列行为中应缴纳消费税的是（　　）。
   A. 进口卷烟　　B. 进口服装　　C. 零售化妆品　　D. 零售白酒

5. 按照现行消费税制度规定，纳税人外购下列已税消费品可以从应税销售额中扣除的有（　　）。
   A. 外购已税散装白酒装瓶出售的白酒　　B. 外购已税汽车轮胎生产的汽车
   C. 外购已税化妆品生产的化妆品　　　　D. 外购已税珠宝玉石生产的金银首饰

6. 下列关于消费税纳税地点的表述中，不正确的是（　　）。
   A. 纳税人销售应税消费品，除国家另有规定外，应当向纳税人核算地主管税务机关申报纳税
   B. 纳税人总机构和分支机构不在同一县的，应当分别向各自机构所在地的主管税务机关申报纳税
   C. 纳税人销售应税消费品，除国家另有规定外，应在零售商所在地向主管税务机关申报纳税
   D. 委托加工应税消费品，由受托方（受托方为个人除外）向其所在地主管税务机关申报缴纳消费税

7. 甲烟草公司提供烟叶委托乙公司加工一批烟丝。甲公司将已收回烟丝中的一部分用

于生产卷烟，另一部分烟丝卖给丙公司。在这项委托加工烟丝业务中，消费税由（　　）代收代缴。

    A. 甲公司　　　　　　B. 乙公司　　　　　　C. 丙公司　　　　　　D. 甲公司和丙公司

8. A酒厂2009年3月份委托B酒厂生产酒精30吨，支付加工费9 500元（不含税）。已知A酒厂提供原材料的成本为57 000元，B酒厂无同类产品销售价格，酒精适用的消费税率为5%。则该批酒精的消费税组成计税价格是（　　）元。

    A. 50 000　　　　　B. 60 000　　　　　C. 70 000　　　　　D. 77 000

9. 某酒厂将自产无同类售价的薯类白酒（适用税率20%，适用税额为每斤0.5元）2 400斤赠送客户，其成本共计48 000元，已知成本利润率为10%，该酒厂应当缴纳的消费税为（　　）元。

    A. 15 560　　　　　B. 15 800　　　　　C. 18 800　　　　　D. 1 4700

10. 根据现行消费税法律制度的规定，纳税人对外购下列已税消费品用于连续生产应税消费品的，其已缴纳的消费税税款不能从应纳的消费税税额中抵扣的是（　　）。

    A. 外购已税烟丝为原料生产的卷烟

    B. 外购已税汽车轮胎生产的小轿车

    C. 外购已税化妆品为原料生产的化妆品

    D. 外购已税润滑油生产的润滑油

11. 根据《消费税暂行条例》规定，纳税人委托个体经营者加工的应税消费品，其纳税义务发生的时间是（　　）。

    A. 纳税人提货的当天

    B. 收讫销货款或取得索取销货款凭据的当天

    C. 委托方向受托方付款的当天

    D. 签订合同时纳税

12. 下列各项中，不属于消费税纳税人的是（　　）。

    A. 生产销售汽车轮胎的企业　　　　　　B. 零售高档手表的商场

    C. 进口化妆品的公司　　　　　　　　　D. 委托加工鞭炮焰火的个体工商户

13. 根据消费税法律制度的规定，对部分应税消费品实行从量定额和从价定率相结合的复合计税办法。下列各项中，实行复合计税的消费品有（　　）。

    A. 烟丝　　　　　　B. 雪茄烟　　　　　　C. 粮食白酒　　　　　　D. 高档手表

14. 某酒厂2010年2月销售粮食白酒3 000公斤，取得不含税价款100万元，包装物押金5万元，包装物2个月后归还厂家，则该酒厂应纳消费税税额为（　　）。

    A. 21.15万元　　　　B. 26.37万元　　　　C. 23.75万元　　　　D. 24.25万元

15. 下列各项中，可按委托加工应税消费品的规定征收消费税的是（　　）。

    A. 受托方代垫原材料和主要材料，委托方提供辅助材料的

    B. 委托方提供原材料和主要材料，受托方代垫辅助材料的

    C. 受托方负责采购委托方所需原材料的

    D. 受托方提供原材料和全部辅助材料的

16. 下列各项中，符合消费税纳税义务发生时间规定的是（　　）。

    A. 进口的应税消费品，为取得进口货物的当天

    B. 自产自用的应税消费品，为移送使用的当天

    C. 委托加工的应税消费品，为支付加工费的当天

    D. 采取预收货款结算方式的，为收到预收款的当天

17. 依据消费税的有关规定，下列消费品中属于消费税征税范围的是（　　）。

    A. 高尔夫球包　　　　B. 竹制筷子　　　　C. 护肤护发品　　　　D. 电动汽车

18. 下列行为中，既缴纳增值税又缴纳消费税的有（　　）。

    A. 酒厂将自产的白酒赠送给协作单位

    B. 卷烟厂将自产的烟丝移送用于生产卷烟

    C. 将委托加工收回的应税消费品直接销售

    D. 百货大楼销售的粮食白酒

19. 某金店采取"以旧换新"方式零售 24 K 纯金项链 1 条，新项链对外销售价 8 000 元，旧项链作价 3 000 元，从消费者手中收取新旧差价款 5 000 元。此业务应纳消费税税额为（　　）。

    A. 213.68 元　　　　B. 250 元　　　　C. 341.88 元　　　　D. 400 元

20. 纳税人委托个体经营者加工应税消费品，消费税应（　　）。

    A. 由受托方代收代缴

    B. 由委托方在受托方所在地缴纳

    C. 由委托方收回后在委托方所在地缴纳

    D. 由委托方在受托方或委托方所在地缴纳

4.1.2　判断正误题

1. 企业受托加工应税消费品，如果没有同类消费品的销售价格，企业可按委托加工合同上注明的材料成本与加工费之和为组成计税价格，计算代收代缴消费税。（　　）

2. 某酒厂生产白酒和药酒并将两类酒包装在一起按礼品套酒销售，尽管该厂对一并销售的两类酒分别核算了销售额，但对于这种礼品套酒仍应就其全部销售额按白酒的适用税率计征消费税。（　　）

3. 在现行消费税的征税范围中，除卷烟、白酒之外，其他一律不得采用从价定率和从量定额相结合的复合计税方法。（　　）

4. 用于换取生产资料的卷烟，应按同类商品的平均售价作为计税依据计算征收消费税。（　　）

5. 零售环节征收消费税的金银首饰不能扣除外购、委托加工收回的珠宝玉石已纳的消费税税款。（　　）

6. 对销售酒类产品收取的押金，不论到期与否，均应并入销售额计征增值税。（　　）

7. 消费税纳税人以 1 个月为一期纳税的，其申报纳税的期限为自期满之日起 10 日内。（　　）

8. 受托加工应征消费税的消费品所代收代缴的消费税，属于价外费用。（　　）

9. 卷烟、粮食白酒、薯类白酒在生产销售和进口环节计算消费税时，实行复合计税方法计算消费税，但在委托加工环节代收代缴消费税时，实行单一从价计税方法。（　　）

10. 纳税人应纳消费税，均应计入"营业税金及附加"。（　　）

11. 消费税规定的应税消费品均属于货物，缴纳增值税时也要缴纳消费税。（　　）

12. 对饮食业、商业、娱乐业举办的啤酒屋（啤酒坊）利用啤酒生产设备生产的啤酒，应当免于征收消费税。（　　）

13. 税法规定，对金银首饰以旧换新业务，可以按照销售方实际收取的不含增值税的全部价款征收增值税。（　　）

14. 受托加工应税消费品的个体经营者不承担代收代缴消费税的义务。（　　）

15. 缴纳消费税的货物都属于缴纳增值税货物的范围，按适用 17% 或 13% 的税率缴纳增值税。（　　）

16. 化妆品在生产、批发、零售环节均要缴纳增值税和消费税。（　　）

17. 鞭炮厂销售鞭炮应征收消费税而不征增值税。（　　）

18. 纳税人自产自用的应税消费品用于连续生产应税消费品的不纳税，用于生产非应税消费品的，于移送使用时纳税。（　　）

19. 用于抵偿债务的小轿车，应按同类商品的平均售价作为计税依据，计算征收消费税。（　　）

20. 因为消费税是价内税，所以消费税的计税销售额含增值税。（　　）

4.1.3　多项选择题

1. 下列商品中适用从量定额税率征收消费税的商品有（　　）。
   A. 汽油　　　　　　　B. 柴油　　　　　　　C. 小汽车　　　　　　D. 啤酒

2. 根据消费税法律制度的规定，下列关于消费税的纳税义务发生时间的描述中，正确的有（　　）。
   A. 纳税人采取赊销方式销售的，为发出应税消费品的当天
   B. 纳税人采取托收承付方式销售的，为收讫销售款的当天
   C. 纳税人自产自用的应税消费品，为移送使用的当天
   D. 委托加工的应税消费品，由受托方向委托方交货时代收代缴消费税

3. 下列各项中，符合消费税暂行条例规定的有（　　）。
   A. 外购烟丝时缴纳的消费税允许从用该烟丝生产的卷烟应纳消费税中扣除
   B. 消费税的计征有从量定额、从价定率和复合计征三种
   C. 酒类生产企业销售白酒产品而收取的包装物押金，一律视同白酒产品销售额计征消费税
   D. 纳税人将不同税率的应税消费品成套销售的，一律从高适用税率计征消费税

4. 某化妆品公司将一批自产化妆品用做职工福利，其成本为 10 万元，消费税的税率为 30%，消费税成本利润率为 5%，增值税成本利润率为 10%，则下列正确的有（　　）。
   A. 消费税组价为 9.13 万元　　　　　　B. 消费税组价为 15 万元
   C. 增值税组价为 9.13 万元　　　　　　D. 增值税组价为 15 万元

5. 我国消费税分别采用（　　）的计征方法。
   A. 从价定额　　　B. 从量定额　　　C. 复合计税　　　D. 从价定率

6. 下列关于受托加工应税消费品受托方代收代缴消费税的时间，不正确的有（　　）。
   A. 委托方交付原材料时　　　　　　B. 委托方支付加工费时

C. 委托方提货时   D. 将委托加工收回的应税消费品入库时

7. 下列应属于消费税征税范围的有（   ）。

     A. 实木地板   B. 木制一次性筷子   C. 电动汽车   D. 高尔夫球

8. 依据消费税的有关规定，下列行为中应缴纳消费税的有（   ）。

     A. 进口游艇   B. 进口高档手表   C. 零售化妆品   D. 零售白酒

9. 某轿车厂下列经济业务应按最高售价计算消费税的有（   ）。

     A. 将自产轿车对外投资   B. 将自产轿车用于办公

     C. 将自产轿车交换钢材   D. 将进口汽车配件对外偿债

10. 依据消费税的有关规定，下列消费品中不得扣除已纳消费税的有（   ）。

     A. 以委托加工的汽车轮胎为原料生产小汽车

     B. 以委托加工的化妆品为原料生产的低档护肤护发品

     C. 以委托加工的已税石脑油为原料生产的应税消费品

     D. 以委托加工的已税酒和酒精为原料生产的粮食白酒

11. 下列环节既征消费税又征增值税的有（   ）。

     A. 高尔夫球及球具的生产环节   B. 金银首饰的生产环节

     C. 高档手表的零售环节   D. 卷烟的批发环节

12. 某汽车制造厂生产的小汽车用于以下方面，应缴纳消费税的有（   ）。

     A. 用于本厂研究所做碰撞试验

     B. 投资给某企业

     C. 移送改装分厂改装加工成长型豪华小轿车

     D. 赠送当地公安机关办案用

13. 依据消费税的有关规定，下列消费品中属于化妆品税目的有（   ）。

     A. 香水、香精   B. 高档护肤类化妆品

     C. 指甲油、蓝眼油   D. 演员化妆用的上妆油、卸妆油

14. 下列货物销售征收消费税的有（   ）。

     A. 汽车生产公司销售小汽车   B. 汽车修理厂销售汽车轮胎

     C. 金店零售金银首饰   D. 化妆品生产企业出口化妆品

15. 根据现行税法规定，下列消费品既征收增值税又征收消费税的有（   ）。

     A. 化妆品生产厂家销售自产的高档化妆品

     B. 将委托加工收回的白酒继续加工后销售

     C. 将外购化妆品直接对外无偿捐赠

     D. 将自产的低度粮食白酒用于勾兑高度粮食白酒

16. 下列销售业务中，收取包装物押金时应征消费税的有（   ）。

     A. 销售盛装盐酸的坛子，单独收取包装物押金，6个月后坛子收回，押金返还

     B. 销售葡萄酒时，单独收取包装物押金，14个月后瓶子收回，押金返还

     C. 销售白酒时，单独收取包装物押金，2个月后瓶子收回，押金返还

     D. 啤酒专用的瓶子，单独收取包装物押金，14个月后瓶子收回，押金返还

17. 按照现行消费税的规定，下列选项属于应税消费品的有（   ）。

     A. 未经打磨的木制一次性筷子   B. 鞭炮引线

C. 高尔夫车 　　　　　　　　　　D. 雪茄烟

18. 按《消费税暂行条例》的规定，属于下列情形的应税消费品，以纳税人同类应税消费品的最高销售价格作为计税依据计算消费税的有（　　　）。

A. 用于抵债的应税消费品　　　　　B. 用于馈赠的应税消费品

C. 用于换取生产资料的应税消费品　D. 用于换取消费资料的应税消费品

19. 下列选项属于消费税特点的有（　　　）。

A. 征税项目具有选择性　　　　　　B. 消费税具有转嫁性

C. 征收环节具有单一性　　　　　　D. 征收方法具有多样性

20. 按照现行消费税制度规定，生产企业的下列行为中，不征收消费税的有（　　　）。

A. 白酒生产企业用于广告宣传的样品白酒

B. 委托加工收回后直接销售的高尔夫球

C. 将自产的汽车轮胎用于抵偿债务

D. 将自产的烟丝用于连续生产卷烟

4.1.4　业务计算题

1. 某企业（增值税一般纳税人）2013 年 3 月发生下列业务：

（1）从国外进口一批散装化妆品，关税完税价格为 820 000 元，已缴纳关税 230 000 元。

（2）委托某工厂加工 A 类化妆品，提供原材料价值 68 000 元，支付加工费 2 000 元（不含增值税）。该批加工产品已收回（受托方没有 A 类化妆品同类货物价格）。

（3）销售本企业生产的 B 类化妆品，取得销售额 580 000 元（不含增值税）。

（4）"三八"妇女节，向全体女职工发放 B 类化妆品，计税价格 8 000 元（不含增值税）。

（5）企业领用当月进口的散装化妆品的 80% 生产加工为成套化妆品对外批发销售，取得不含税销售额 150 万元；向消费者零售，取得含税销售额 51 万元。

已知化妆品适用的消费税税率为 30%，要求：

（1）计算进口散装化妆品应缴纳的消费税；

（2）计算 A 类化妆品应缴纳的消费税；

（3）计算 B 类化妆品应缴纳的消费税；

（4）计算成套化妆品应缴纳的消费税。

2. 星星企业 2013 年 3 月 1 日—3 月 31 日的销售业务如下：

（1）向某商贸企业销售白酒 80 吨，取得不含税销售额 400 万元，并负责运输，收取运费 35 万元、装卸费 1.44 万元、建设基金 1 万元。

（2）销售干红酒 15 吨，取得不含税销售额 150 万元。将 10 吨不同度数的粮食白酒组成礼品盒销售，取得不含税销售额 120 万元。

（3）采用分期收款方式向乙企业销售白酒 16 吨，合同规定不含税销售额共计 80 万元，本月收取 60% 的货款，其余货款于下月 10 日收取，由于本月资金紧张，经协商，本月收取不含税货款 30 万元，星星企业按收到的货款开具防伪税控增值税专用发票。

要求计算星星企业应纳消费税和增值税销项税。

3. 某酒厂 2012 年 12 月份生产一种新的粮食白酒，广告样品使用 0.2 吨，已知该种白酒无同类产品出厂价，生产成本每吨 35 000 元，成本利润率为 10%，粮食白酒定额税率为每斤 0.5 元，比例税率为 20%。

要求计算该厂当月应缴纳的消费税和增值税。

4. 某化妆品厂期初库存化妆品 30 000 元，本期外购化妆品 80 000 元（不含税价），本期月末库存 20 000 元，生产出化妆品对外销售，取得不含税销售额 250 000 元，化妆品消费税税率为 30%。

要求计算应纳消费税税额。

5. 某啤酒厂自产啤酒 20 吨，赠送某啤酒节，每吨啤酒成本 1 000 元，无同类产品售价。

要求计算消费税及增值税。

4.2 企业消费税纳税技能实训

实训 5　企业消费税核算与纳税申报

【实训资料】

企业名称为湖南万通有限公司，注册地为湖南省长沙市芙蓉南路 158 号，注册资金为 60 万元，电话号码为 0734 - 82242068（兼传真），开户行为中国建设银行芙蓉路支行，账号为 4367055506660888216，国税局税务登记类型为增值税一般纳税人，纳税人登记号为 430102050678168，法人代表为杨凯，会计主管为邹霞，记账兼办税员为学生本人，制单为唐燕，审核为邹霞，出纳员为尹静，主营业务为酒、化妆品的生产及销售。选用的会计政：从 2008 年 1 月 1 日起执行新《企业会计准则》，原材料、库存商品采用实际成本计价核算，并采用先进先出法计算发出存货的成本。

湖南万通有限公司 2012 年 1 月发生部分交易或事项，其相关原始凭证见"项目 4 实训附件"（181 页）。

【实训内容】

（1）销售自产应税消费品。

（2）应税消费品包装物押金业务。

（3）委托加工应税消费品收回对外销售业务。

（4）消费税缴纳业务。

【操作程序】

（1）根据消费税涉税业务的原始凭证进行账务处理，填制记账凭证。

（2）登记"营业税金及附加"、"应交税费——应交消费税"、"应交税费——应交城建税"等账户。

（3）填制消费税应纳税额汇总计算表、城建税及教育费附加应纳税（费）计算表。

（4）填制消费税纳税申报表、城建税纳税申报表、教育费附加申报表。

【实训备用物品】

（1）记账凭证：收款凭证、付款凭证、转账凭证（学生自备）。

（2）会计账簿：总账、三栏式明细账。

（3）纳税报表：《消费税纳税申报表》、《城建税纳税申报表》、《教育费附加申报表》。

（4）税收缴款书：税收通用缴款书（实训专用）。

【实训操作要求】

（1）在进行实训操作之前，应全面复习增值税法、消费税法，城建税、教育费附加的相关规定及其相关的账务处理、入账方法。

（2）为了强化消费税的账务处理，对每一笔进行一次应税处理，月末再填制消费税应纳税额汇总表。

（3）将实训过程视同从事实际工作，务必做到亲自动手，且认真、严谨，笔笔清晰，字字端正，数据准确。

【实训成果】

（1）以制单员的身份审核 2012 年 1 月份发生的经济业务所取得的原始凭证，编制消费税涉税业务记账凭证。

（2）登记"应交税费——应交消费税"明细账。

（3）填制《消费税纳税申报表》、《城建税纳税申报表》、《教育费附加申报表》进行纳税申报工作。

（假定公司应交税费——应交消费税账户的期初有借方余额 12 000 元。）

项目 5 营业税与企业营业税纳税操作

5.1 营业税基本知识配套练习

5.1.1 单项选择题

1. 下列经营活动中应按"交通运输业"税目缴纳营业税的是（　　）。
   A. 公路管理
   B. 个人在旅游景点经营索道业务
   C. 建筑工程设计劳务
   D. 航空运输企业从事湿租业务

2. 纳税人提供应税劳务、转让无形资产或销售不动产价格明显偏低而无正当理由的，主管税务机关可以按顺序核定营业额，其中组成计税价格的公式为（　　）。
   A. 营业成本或工程成本 × （1 + 成本利润率）÷（1 − 营业税税率）
   B. 营业成本或工程成本 × （1 + 成本利润率）÷（1 + 营业税税率）
   C. 营业成本或工程成本 ÷（1 − 营业税税率）
   D. 营业成本或工程成本 ÷（1 + 营业税税率）

3. 下列不属于营业税免税项目的是（　　）。
   A. 社会团体收取的会费
   B. 金融企业的再贴现业务收入
   C. 学校从事技术开发取得的收入
   D. 公路经营企业收取的高速公路车辆通行费收入

4. 某企业将 2 年前购置的一块土地使用权转让，当初取得该土地使用权时支付金额 420 万元，转让时取得收入 426 万元，转让时发生相关费用 6 万元。该企业关于上述业务正确的税务处理为（　　）。
   A. 不缴纳营业税
   B. 应纳营业税 0.15 万元
   C. 应纳营业税 0.3 万元
   D. 应纳营业税 21.3 万元

5. 某卡拉 OK 歌舞厅，本月门票收入 50 万元，台位费收入 20 万元，相关烟、酒、饮料收入 18 万元，零点小食品 5 万元，点歌收入 5 万元，该歌舞厅本月应缴纳的营业税为（　　）万元。（当地政府规定歌舞厅的营业税税率为 20%。）
   A. 14.55
   B. 15.55
   C. 18.6
   D. 19.6

6. 下列属于营业税免税项目的是（　　）。
   A. 电影发行单位以出租电影拷贝形式取得的收入
   B. 电影放映单位取得的广告收入
   C. 单位和个人将土地使用权无偿赠送他人
   D. 高校食堂为高校师生提供餐饮服务取得的收入

7. 下列选项中不征收营业税的是 (　　)。

    A. 福利彩票代销机构销售彩票的手续费收入

    B. 个人出租居住用房的收入

    C. 个人和单位提供垃圾处置劳务

    D. 纳税人将土地使用权归还土地所有者的行为

8. 根据营业税有关规定，下列说法正确的是 (　　)。

    A. 个人从事快递业务按照"邮电通信业"征收营业税

    B. 搬家业务按照"服务业"征收营业税

    C. 远洋运输业务的"期租"业务按"服务业－租赁业"税目计税

    D. 经批准从事融资租赁业务单位的融资租赁业务按"服务业－租赁业"税目计税

9. 某单位将一座写字楼无偿赠与他人，视同销售不动产征收营业税，其纳税义务发生时间为 (　　)。

    A. 将写字楼交付对方使用的当天　　　　　B. 写字楼所有权转移的当天

    C. 签订写字楼赠与文书的当天　　　　　　D. 承受写字楼人缴纳契税的当天

10. 下列经营者中，属于营业税纳税人的是 (　　)。

    A. 从事修配业的个人

    B. 发生销售货物并负责运输所售货物的运输单位

    C. 从事缝纫业务的个体户

    D. 从事货物保管业务的单位

11. 下列费用中，应征收营业税的有 (　　)。

    A. 法院按规定标准收取的诉讼费　　　　　B. 注册会计师协会收取的会员费

    C. 急救中心收取的治疗费　　　　　　　　D. 搬家公司收取的搬家费

12. 下列款项中，属于计征营业税营业额的是 (　　)。

    A. 家电修理部进行空调上门维修收取的修理费用

    B. 黑白铁门市部受托加工收取的加工费用

    C. 非金融机构买卖有价证券以卖出价减去买入价后的余额

    D. 管道运输取得的收入

13. 在销售不动产时连同土地使用权一并转让的行为，比照 (　　) 征税。

    A. 转让无形资产　　　　　　　　　　　　B. 销售不动产

    C. 转让无形资产和销售不动产　　　　　　D. 建筑业

14. 基建单位在建筑现场制造的水泥预制构件应缴纳 (　　)。

    A. 增值税　　　　　　　　　　　　　　　B. 营业税

    C. 增值税和营业税　　　　　　　　　　　D. 增值税、消费税和营业税

15. 某单位 2006 年购买一座建筑物，原价 200 万元，2010 年 1 月将其售出，全部收入 250 万元，该不动产已提折旧 20 万元，则该单位应纳营业税 (　　)。

    A. 12.5 万元　　　　B. 3.5 万元　　　　C. 2.5 万元　　　　D. 2 万元

16. 某金融机构买卖债券，购入原价 100 万元，购入时发行费用而后税金 1 万元，售出债券原价 105 万元，卖出过程中发生费用而后税金 2 万元，则该金融机构此项业务营业税为 (　　)。

A. 0.1 万元　　　B. 0.15 万元　　　C. 0.2 万元　　　D. 0.25 万元

17. 某单位进行演出，全部票价 100 万元，须支付场租 10 万元、经纪人费用 5 万元、演员出场费 40 万元、化妆及灯光师劳务费 5 万元，则应缴纳文化业营业税税额为（　　）。

A. 1.2 万元　　　B. 1.35 万元　　　C. 2.55 万元　　　D. 3 万元

18. 自 2003 年 1 月 1 日起，以不动产投资入股，参与接受投资方利润分配，共同承担投资风险的行为，不征营业税。投资后转让其股权的收入（　　）。

A. 应征收营业税　　B. 减半征收营业税　　C. 也不征营业税　　D. 暂缓征收营业税

19. 下列不属于营业税征税范围的是（　　）。

A. 提供应税劳务　　　　　　　　　B. 转让无形资产

C. 销售不动产　　　　　　　　　　D. 提供修理修配劳务

20. 营业税的税目按（　　）设计。

A. 地区　　　B. 行业　　　C. 项目　　　D. 收入额

5.1.2　判断正误题

1. 在我国境内提供各种劳务的收入，均应缴纳营业税。（　　）

2. 从事运输业务的营业税纳税人，发生销售货物并负责运输货物的混合销售行为，可将其取得的货物销售额和运输营业额合计，可以选择征收增值税也可以选择征收营业税。（　　）

3. 营业税和增值税都规定了起征点，达不到起征点的单位和个人都可不征税。（　　）

4. 非金融机构和个人的金融商品转让应征收营业税。（　　）

5. 广告代理业的营业额为收入全额减除付给广告制作者的广告制作费后的余额。（　　）

6. 个人自建房屋销售的，免征营业税。（　　）

7. 一商人将自己购置的一栋商品房赠送给自己的儿子，没有取得收入，不交营业税。（　　）

8. 融资租赁也是一种租赁业务，所以应按租赁费全额计征营业税。（　　）

9. 个人转让居住 1 年以上的住房免征营业税和个人所得税。（　　）

10. 纳税人自建房屋出售的，按销售不动产计征营业税。（　　）

11. 某企业转让一间废旧库房，所以不缴纳营业税。（　　）

12. 某企业销售房屋连同土地使用权一并转让，则应区分不动产和土地使用权价款，分别按转让无形资产和销售不动产项目缴纳营业税。（　　）

13. 以无形资产、固定资产投资入股，参与接受方利润分配、共同承担投资风险的行为不征收营业税，在投资期后转让其股权的也不征收营业税。（　　）

14. 单位和个人销售或转让抵债所得的不动产、土地使用权的，以抵债财产净值为营业额。（　　）

15. 营业税组价的成本利润率由国家税务总局确定。（　　）

16. 单位或个人进行演出，以全部票价收入或者包场收入减去付给提供演出场所的单位、演出公司或者经纪人和演员的费用后的余额为营业额。（　　）

17. 房地产公司销售商品房，凡采用预收定金方式的，都应以收到预收定金的当天为营业税纳税义务发生时间。（　　）

18. 金融机构把单位或者个人的存款借贷给他人使用，以贷款利息减去存款利息后的余额为营业额计征营业税。（　　）

19. 根据现行税法的有关规定，对货物期货征收营业税，对非货物期货不征收营业税。（　　）

20. 保险公司如采用收取储金方式取得经济利益的，其"储金业务"的营业额为纳税人在纳税期内的储金期末余额乘以人民银行公布的一年期存款的年利率。（　　）

5.1.3　多项选择题

1. 下列属于"文化业"项目的是（　　）。
   A. 歌舞表演　　　　B. 武术表演　　　　C. 资料借阅业务　　D. 体育表演

2. 下列各项中，符合营业税有关规定的有（　　）。
   A. 金融商品转让业务纳税义务发生时间为金融商品所有权转移之日
   B. 融资租赁业务纳税义务发生时间为取得租金收入或取得索取租金收入价款凭据当天
   C. 纳税人提供租赁业务劳务，采取预收款方式的，其纳税义务发生时间为会计上确认收入的当天
   D. 纳税人发生自建行为的，其纳税义务发生时间为建造的不动产完工时

3. 下列企业的营业行为，属于混合销售，应征营业税的有（　　）。
   A. 某保龄球馆在提供娱乐服务的同时销售罐装饮料
   B. 某饭店同时开设餐厅、客房又开设商场
   C. 某装饰公司为客户装饰房屋并销售装饰用材料。
   D. 单位销售自行开发的软件产品同时收取的培训费收入

4. 根据营业税减免税规定，下列说法正确的有（　　）。
   A. 图书馆举办文化活动的售票收入免征营业税
   B. 从事个体经营的军队转业干部，自领取营业执照之日起，3年内免征营业税
   C. 个人按市场价格出租居民住房，按3%的税率征收营业税
   D. 对专项国债转贷取得的利息收入免征营业税

5. 按现行制度规定，下列项目中，免征营业税的有（　　）。
   A. 保险公司开展的1年期以上返还性人身保险业务的保费收入
   B. 个人从事有价证券买卖业务取得的收入
   C. 从事广告业的城镇退役士兵取得的收入
   D. 境外单位向境内个人提供国际间短信互通服务的收入

6. 按照现行营业税法规定，下列行为应按"服务业"税目征收营业税的有（　　）。
   A. 企业之间因拆借周转金而收取资金占用费
   B. 受托拆除建筑物时，代委托方向原土地使用权人支付拆迁补偿费的收入
   C. 民政部门发行福利彩票取得收入
   D. 报社根据文章篇幅向作者收取"版面费"收入

7. 下述关于"销售不动产"营业税政策的表述，正确的有（　　　）。

   A. 单位将不动产无偿赠与他人的行为，征收营业税

   B. 单位销售其购置的办公楼，以全部收入减去购置原价后的余额为营业额

   C. 单位全部转让其下属一个完整企业，其中的不动产转让行为，应按销售不动产征收营业税

   D. 以不动产投资入股，共担风险，投资后转让股权的，不征收营业税

8. 下列业务中，不能享受免征营业税优惠政策的有（　　　）。

   A. 转让已进入建筑物施工阶段的在建项目

   B. 土地整理储备中心转让土地使用权

   C. 个人转让著作权

   D. 依法登记成立的社会团体按规定收取的会费

9. 下列项目中，准予从营业税计税营业额中扣除的有（　　　）。

   A. 金融企业从事股票买卖，卖出过程中支付的各种费用和税金

   B. 广告公司支付的灯箱广告制作费

   C. 物业公司代业主支付的水电费

   D. 单位销售不动产时，如果将价款与折扣额在同一张发票上注明的折扣额

10. 以下业务应该按照"交通运输业"缴纳营业税的有（　　　）。

   A. 程租业务　　　　B. 湿租业务　　　　C. 干租业务　　　　D. 光租业务

11. 以下关于营业税税率的表述中，正确的有（　　　）。

   A. 旅游景点经营索道取得的收入按5%　　B. 建筑设计收入按3%

   C. 广播电视传输收入按3%　　　　　　　D. 金融保险业按5%

12. 下列经营活动中应征营业税的有（　　　）。

   A. 某木材厂包料为一单位装饰展厅

   B. 某装修公司包工包料为一单位装修展厅

   C. 某工厂自建一建筑物销售

   D. 某房地产开发公司自建一建筑物销售

13. 下列按全额征收营业税的是（　　　）。

   A. 电影放映的票价收入　　　　　　B. 电影发行单位的片租收入

   C. 电影发行单位的发行收入　　　　D. 电影院和票价一同收取的饮料费用

14. 下列经营活动中应征收营业税的有（　　　）。

   A. 电信局为客户安装电话时，随同销售的电话机取得的收入

   B. 邮电局出售的邮寄物品包装木盒

   C. 保龄球馆出租鞋的收入

   D. 建材商店销售建筑材料并同时负责安装和装饰业务取得的安装费

15. 下列项目中免征营业税的有（　　　）。

   A. 残联开办的餐饮店　　　　　　B. 残疾人员本人提供的应税劳务

   C. 养老院收取的老人入院费　　　D. 养老院举办的对外餐饮业

16. 下列混合销售行为中应征营业税的有（　　　）。

   A. 运输公司卖货并负责运输收入　　B. 商场卖货并负责安装调试收入

C. 火车上销售食品饮料 　　　　D. 卡拉 OK 厅供应点心等小吃

17. 下列不属于土地使用权转让的项目，不按"转让无形资产"征收营业税的有(　　)。

A. 国家收取土地出让金的土地使用权出让

B. 国家从居民手中征地用于运动场的建设

C. 土地租赁

D. 企业之间购买土地使用权

18. 下列说法正确的有(　　)。

A. 歌星参加演出取得出场费不缴纳营业税

B. 歌星委托演出公司为其举办个人演唱会应缴纳营业税

C. 演出公司办理演出的收入应按代理业缴纳营业税

D. 提供演出场地的剧场场租收入应按租赁服务业缴纳营业税

19. 营业税的纳税期限有(　　)。

A. 保险业为 1 个月 　　　　　　B. 金融业为 1 个月

C. 保险业为 1 个季度 　　　　　D. 金融业为 1 个季度

20. 下列应征营业税的有(　　)。

A. 发行福利彩票的收入 　　　　B. 代销福利彩票的手续费收入

C. 物业公司代收的煤气费 　　　D. 物业公司代收煤气费的手续费收入

5.1.4　业务计算题

1. 某市商业银行 2012 年第 2 季度有关业务资料如下：

(1) 向生产企业贷款取得利息收入 600 万元，逾期贷款的罚息收入 8 万元；

(2) 为电信部门代收电话费取得手续费收入 14 万元；

(3) 4 月 10 日购进有价证券 800 万元，6 月 25 日以 860 万元价格卖出；

(4) 受某公司委托发放贷款，金额 5 000 万元，贷款期限 2 个月，年利息率 4.8%，银行按贷款利息收入的 10% 收取手续费（假定发放贷款的同时代扣代缴利息营业税）；

(5) 取得出纳长款收入 1 万元。

要求：计算该银行 2007 年第 2 季度应缴纳的营业税。

2. 某有线电视台 2012 年 8 月份发生如下业务：有线电视节目收费 50 万元，有线电视初装费 3 万元，"点歌台"栏目收费 1 万元，广告播映收费 6 万元，向其他电视台出售某专题片播映权收入 5 万元。

要求：计算该电视台当月应纳营业税额。

3. 某旅行社本月组团旅游，境内组织旅游收入 20 万元，替旅游者支付给其他单位餐费、住宿费、交通费、门票共计 12 万元，后为应对其他旅行社的竞争，该旅行社同意给予旅游者 5% 的折扣，并将价款与折扣额在同一张发票上注明；组团境外旅游收入 30 万元，付给境外接团企业费用 18 万元；另外为散客代购火车票、机票、船票取得手续费收入 1 万元，为游客提供打字、复印、洗相片服务收入 2 万元。

要求：计算该旅行社当月应纳营业税额。

4. ABC 房地产开发公司 2012 年发生如下业务：

（1）开发部自建统一规格和标准的楼房 4 栋，建筑安装总成本为 6 000 万元（核定的成本利润率为 15%）。该公司将其中一栋留作自用；一栋对外销售，取得销售收入 2 500 万元；另一栋投资入股 W 公司，合同规定，双方共担风险，共负盈亏。现将其股权的 60% 出让，取得股权出让收入 1 500 万元；最后一栋抵押给某银行以取得贷款，抵减应付银行利息 100 万元。该公司还转让一处正在进行土地开发，但尚未进入施工阶段的在建项目，取得收入 2 000 万元。

（2）该公司物业部收取的物业费为 220 万元，其中代业主支付的水、电、燃气费共 110 万元。

（3）该公司下设非独立核算的汽车队取得运营收入 300 万元，支付给其他单位的承运费 150 万元；销售货物并负责运输取得的收入为 100 万元。请计算该公司应纳营业税额。

要求：

（1）计算开发部应纳营业税

（2）计算物业部应纳营业税

（3）计算汽车队应纳营业税

5. 红远旅行社 2012 年 7 月共获得营业收入 1 920 000 元，经过分析：

（1）企业当月支付给其他单位的房费、餐费、交通、门票等代付费用 420 000 元；

（2）企业允许某市旅行社使用本企业名称，对方缴来上半年使用费价款 320 000 元；

（3）旅行社组织赴俄罗斯旅游团 5 个，共 200 人，每人收取费用 2 000 元，到俄罗斯后改由当地旅行社接团，共支付给接团社旅游费 220 000 元。

另外，企业将其拥有的铺面房一间出售给某公司，共获得收入 880 000 元。

月末企业按规定计算本月应纳营业税并进行相应会计处理。

5.2 企业营业税纳税技能实训

实训 6 企业营业税核算与纳税申报

【实训资料】

企业名称为长沙大华公司，注册地为湖南省长沙市芙蓉路 20 号，注册资金为 60 万元，电话号码为 0737 - 82111333，开户行为中国建设银行芙蓉路支行，账号为 43670555066-60888219，地税局税务登记类型为营业税纳税企业，纳税人登记号为 430102050678122，法人代表为杨凯，会计主管为邹霞，记账兼办税员为学生本人，出纳员为尹静，主营业务为主要从事宾馆、旅店、广告代理等服务性经营业务。

长沙大华公司 2012 年 1 月发生部分交易或事项，其相关原始凭证见"项目 5 实训附件"（207 页）。

【实训内容】

（1）住宿餐饮服务涉税业务。

（2）组团旅游服务涉税业务。

（3）经营租赁服务涉税业务。

（4）娱乐服务、广告制作涉税业务。

（5）服务性商品销售涉税业务。

【操作程序】

（1）根据涉税业务原始凭证进行账务处理，填制记账凭证。

（2）编制应纳营业税计算表，应纳城建税、教育费附加计算表，并作相应的账务处理，填制记账凭证。

（3）根据原始凭证和记账凭证登记"营业税金及附加"、"应交税费——应交营业税"、"应交税费——应交城建税"等涉税账户。

（4）填制《营业税纳税申报表》。

【实训备用物品】

（1）记账凭证：收款凭证、付款凭证、转账凭证（学生自备）。

（2）会计账簿：总分类账簿；三栏式明细分类账簿。

（3）纳税申报表：《营业税纳税申报表》。

【实训操作要求】

（1）实际操作之前，全面复习营业税法、城建税法，营业税、城建税涉税业务账务处理方法，纳税申报表的填制方法。

（2）为了掌握计税方法和涉税业务账务处理的操作，要求学生按每笔业务计算应纳营业税。城建税及教育费附加月末一次计算，并作相应的会计分录。

（3）实训操作过程中逐步养成认真、仔细、一丝不苟的工作习惯。

【实训成果】

（1）以制单员的身份审核 2012 年 1 月份发生的经济业务所取得的原始凭证，编制营业税涉税业务记账凭证。

（2）登记"应交税费——应交营业税"明细账。

（3）填制《营业税纳税申报表》。

项目6 小税种与小税种纳税操作

6.1 小税种基本知识训练

6.1.1 单项选择题

1. 房地产开发企业不能作为税金扣除的项目是（　　）。
   A. 营业税　　　　　B. 城市维护建设税　　　C. 印花税　　　　　D. 教育费附加
2. 下列情况中免征房产税的有（　　）。
   A. 军队出借的房产　　　B. 国家机关营业用房
   C. 人民团体自用房产　　D. 军队生产用房
3. 应纳房产税的一幢房产原值500 000元，已知房产税税率为1.2%，当地房产税扣除比例为25%。根据房产税法律制度的规定，该房产应缴纳房产税（　　）元。
   A. 6 000　　　　　B. 4 500　　　　　C. 1 500　　　　　D. 1 250
4. A公司委托甲施工企业建造一幢办公楼，工程于2012年12月完工，2013年1月办妥（竣工）验收手续，3月付清全部工程价款。根据房产税法律制度的规定，A公司对此幢办公楼房产税的纳税义务发生时间是（　　）。
   A. 2012年12月　　　B. 2013年1月　　　C. 2013年2月　　　D. 2013年3月
5. 城建税按纳税义务人（　　）的不同，设置了不同的税率。
   A. 是自然人还是法人　　　　　　　B. 企业会计制度健全与否
   C. 纳税人生产规模大小　　　　　　D. 纳税人的所在地
6. 纳税人甲企业无故拖欠了营业税10万元，经查出后，补缴了拖欠的营业税，同时加罚了滞纳金1 000元。缴纳城建税的方法应该是（　　）。
   A. 以1 000元为税基补缴城建税
   B. 以10万元为税基补缴城建税
   C. 以10.1万元为税基补缴城建税
   D. 以10万为税基补缴城建税，再对补缴的城建税按营业税拖欠天数补缴滞纳金
7. 下列企业中，不需缴纳城市维护建设税的是（　　）。
   A. 加工、修理、修配的国有企业
   B. 生产、销售货物的集体企业
   C. 生产金银首饰的私营企业
   D. 在进口环节由海关代征增值税、消费税的外贸企业
8. 城镇土地使用税是以纳税义务人实际的（　　）为计税依据。
   A. 占用面积　　　B. 建筑面积　　　C. 居住面积　　　D. 占用和使用面积

9. 城镇土地使用税缴纳的期限为（　　　）。
   A. 按年征收、分期缴纳　　　　　　　　B. 按年征收、分季缴纳
   C. 按年计算、分期缴纳　　　　　　　　D. 按年计算、分季缴纳

10. 平和堂商场位于长沙市繁华地段，该企业土地使用证书记载了占用土地的面积为6 000平方米，经确认属一等地段；该商场另有两个统一核算的分店共占地4 000平方米，均坐落在三等地段；另有一座仓库位于郊区，占地面积1 000平方米，属五等地段；企业的托儿所位于二等地段，占地2 000平方米。该地区一等地段，年税额4元/平方米；二等地段年税额3元/平方米；三等地段年税额2元/平方米；五等地段年税1元/平方米。该商场全年应纳城镇土地使用税（　　　）。
    A. 44 000元　　　B. 33 000元　　　C. 20 000元　　　D. 14 000元

11. 鸿基房地产公司2012年2月转让商品房收入7 000万元，允许扣除项目金额为4 200万元，则适用土地增值税税率为（　　　）。
    A. 30%　　　　　B. 40%　　　　　　C. 50%　　　　　D. 60%

12. 兼营房地产业务的企业，应由当期营业收入负担的土地增值税，计入（　　　）科目。
    A. 其他业务支出　B. 营业税金及附加　C. 管理费用　　　D. 固定资产清理

13. 三一公司在计算土地增值税时，由于该企业会计不能按转让房地产项目计算出分摊利息支出，则其房地产开发费用应按地价款加开发成本之和的（　　　）计算扣除。
    A. 5%　　　　　B. 5%以内　　　　C. 10%　　　　　D. 10%以内

14. 土地增值税纳税人应在签订房地产转让合同7日内，到（　　　）税务机关办理纳税申报。
    A. 纳税人注册所在地　　　　　　　　B. 纳税人会计核算所在地
    C. 房地产所在地　　　　　　　　　　D. 合同签订地

15. 下列税种中，实行从量计征的是（　　　）。
    A. 车辆购置税　　B. 车船税　　　　C. 房产税　　　　D. 契税

16. 大唐运输公司拥有载货汽车15辆（货车自重全部为9.6吨）；乘人大客车20辆；小客车10辆（注：载货汽车按自重每吨年税额80元，乘人大客车每辆年税额500元，小客车每辆年税额400元）。该公司应缴纳车船税（　　　）元。
    A. 25 520　　　　B. 26 000　　　　C. 25 400　　　　D. 24 800

17. 某船舶公司拥有机动船舶5艘，每艘净吨位50吨，拥有木船3艘，每艘净吨位5吨，还有拖船4艘，每艘净吨位30吨，当地规定每吨税额为3元/年。该公司应缴纳的车船税额是（　　　）。
    A. 1 000元　　　B. 930元　　　　C. 1 480元　　　D. 2 080元

18. 龙丰公司和机械进出口公司签订价值2 000万元测试设备合同，为购买此设备，向建设银行签订借款2 000万元的借款合同，后因故合同作废，改签融资合同，租赁费1 000万元，龙丰公司应缴纳印花税（　　　）。
    A. 7 500　　　　B. 6 500　　　　C. 11 500　　　　D. 7 300

19. 根据印花税法律制度的规定，营业账簿税目中记载金额的账簿的计税依据

为( )。

 A. 实收资本的金额   B. 资本公积的金额

 C. 应税凭证件数   D. 实收资本与资本公积二项合计金额

20. 在印花税的 13 个税目中，适应定额税率是权利许可证和营业账簿税目中的其他账簿，单位税额为 ( )。

 A. 每件 5 元   B. 每件 6 元   C. 每件 4 元   D. 每件 8 元

6.1.2 判断正误题

1. 纳税人以电子形式签订各类应税凭证按规定也应征收印花税。( )

2. 旧房安装暖气设备，要增加房产原值以计算缴纳房产税。( )

3. 我国的宗教寺庙、公园、名胜古迹等地方的影剧院，饮食部使用的房产及出租的房产，不需缴纳房产税。( )

4. 从价计征计算房产税时，应按房产原值一次扣除 10% ~ 30% 的余值计征。( )

5. 俏江南饭店因偷漏营业税 16 万元，被处以 5 倍罚金。同时应补缴偷漏的城建税 1.12 万元及 5.6 万元的罚金。( )

6. 我国城市维护建设税的计税依据是纳税人应当缴纳的增值税、消费税、营业税税额。( )

7. 跨省开采的油田，下属生产单位与核算单位不在一个省内的，在核算地缴纳城建税。( )

8. 我国目前只对国家所有的土地征收城镇土地使用税，对集体所有的土地不征收城镇土地使用税。( )

9. 企业内部的生产和生活区道路、空地及绿化用地，不属于社会公共用地，均应照章缴纳城镇土地使用税。( )

10. 根据我国税法制度城镇土地使用税实行按年征收，分期预缴的征收方法，具体纳税期限由省、自治区、直辖市人民政府确定。( )

11. 大同房地产公司将待售的连排别墅中的一栋赠与某影视明星，由于该房地产公司未取得收入，因此不缴纳土地增值税。( )

12. 湘潭市政府为加速发展当地经济，出让土地一块，取得收入 5 000 万元，按规定应征土地增值税。( )

13. 房地产开发企业在管理费用中列支的印花税，应单独计算并从扣除项目中予以扣除。( )

14. 某房地产开发公司以 200 万元获得土地 A 使用权，随后将 A 地以 250 万元转让，转让时缴纳的营业税、城市维护建设税和教育费附加共 12.85 万元，该土地的使用权的增值额为 37.15 万元。( )

15. 对客货两用汽车按乘人汽车税额减半征收车船税。( )

16. 对市内公共汽车、电车、出租汽车可暂免征车船使用税。( )

17. 从事机动车交通事故责任强制保险业务的保险机构为机动车车船税的扣缴义务人。( )

18. 大众公司从中国农业发展银行取得了无息贷款金额 2 000 万元，该合同应按贷款金额缴纳 10 000 元印花税。（　　　）

19. 我国 A 股市场的股权转让书据使用的印花税税率是 0.1%。（　　　）

20. 财产租赁合同按租赁金额 1‰ 贴花，税额不足 1 元，免印花税。（　　　）

6.1.3　多项选择题

1. 对出口商品退还（　　　）时，不退还已缴纳的城市维护建设税。

　　A. 营业税　　　　　　B. 增值税　　　　　C. 关税　　　　　　D. 消费税

2. 城市维护建设税采用地区差别比例税率，分为（　　　）。

　　A. 1%　　　　　　　B. 3%　　　　　　　C. 5%　　　　　　　D. 7%

3. 对"三税"实行先征后返时，其城建税的处理办法是（　　　）。

　　A. 缴纳"三税"，同时缴纳城建税

　　B. 返回"三税"，同时返城建税

　　C. 缴纳"三税"时，不返还已缴纳的城建税

　　D. 返还"三税"时，不返还城建税

4. 下列情况中不能免征房产税的有（　　　）。

　　A. 个人自住的 300 平方米别墅　　　　　B. 外贸出口企业仓库用房

　　C. 个人用于出租的房屋　　　　　　　　D. 个人使用的免税单位房屋用于经营

5. 关于房产税的会计处理，以下正确的为（　　　）。

　　A. 企业为了核算应缴纳的房产税应设置"应缴税费——应缴房产税"

　　B. 企业计算出应缴房产税，应借记"营业税金及附加"账户

　　C. 企业计算出应缴房产税，应借记"管理费用"账户

　　D. 企业计算出应缴房产税，应借记"销售费用"账户

6. 关于房产税的纳税地点，正确的表述是（　　　）。

　　A. 房产不在同一地方的纳税人，由纳税人选择一地点共同缴纳

　　B. 房产不在同一地方的纳税人，应按房产的坐落地点分别向所在地税务机关缴纳

　　C. 城镇房产税在房产所在地缴纳

　　D. 城镇房产税由土地所在地的税务机关征收

7. 根据税法规定，关于房产税的纳税义务人有，正确的表述是（　　　）。

　　A. 产权出典的，承典人为纳税义务人

　　B. 产权出典的，出典人为纳税义务人

　　C. 房产税的纳税义务人是房屋的产权所有人（不含外商、外企、外籍个人）

　　D. 产权属于全民所有的，其经营管理的单位为纳税义务人

8. 下列项目中，不需要缴纳房产税的有（　　　）。

　　A. 大学的教学楼、实验楼

　　B. 供研究新技术的企业的实验用房

　　C. 具有产权的外商独资企业的生产性用房

　　D. 经批准的两年前开始自收支的事业单位办公用房

9. 下列税种中，采用定额税率的有（　　　）。

A. 契税　　　　　　　B. 车船使用税　　　　C. 房产税　　　　　　D. 城镇土地使用税

10. 2012 年 1 月 1 日长沙市开源工贸公司将自有的房屋用于对外出租，则涉及的税种和税率，以下表述正确的是（　　　）。

A. 租赁合同 1‰的印花税

B. 土地增值税 30%

C. 城镇土地使用税（按长沙市确定单位税额）

D. 房产税　　　　　　　　　　　　　　　E. 营业税

11. 纳税人在计算土地增值税时，税法允许从收入中扣除的税费有（　　　）。

A. 营业税　　　　　B. 增值税　　　　C. 城市维护建设税　D. 教育费附加

12. 根据城镇土地使用税法律制度的规定，关于城镇土地使用税纳税义务发生时间的下列表述中，正确的有（　　　）。

A. 纳税人新征用的耕地，自批准征用之日起缴纳

B. 纳税人新征用的非耕地，自批准征用次月起缴纳

C. 纳税人以出让方式有偿取得土地使用权，合同约定交付土地时间的，自合同约定交付土地时间的次月起缴纳

D. 纳税人以出让方式有偿获取土地使用权，合同未约定交付土地时间的，自合同签订的次月起缴纳

13. 下列项目中，属于土地增值税纳税义务人的是（　　　）。

A. 合作建房后出售的合作单位　　　B. 出租办公楼的企业

C. 转让办公楼的事业单位　　　　　D. 转让自住 4 年的私有住宅的个人

14. 下列行为中，不属于土地增值税应税行为的是（　　　）。

A. 房地产的继承行为　　　　　　　B. 房地产的出租行为

C. 房地产的赠与行为　　　　　　　D. 房地产的交换行为

15. 根据我国车船税法律制度的规定，下列车船中，属于免征车船税的有（　　　）。

A. 警用车船　　　　　　　　　　　B. 远洋货船

C. 无轨电车　　　　　　　　　　　D. 军队、武装警察部队专用的车辆

16. 根据我国车船税法律制度的规定，车船税的纳税义务发生的时间，应该在（　　　）。

A. 车辆管理部门核发的车船登记证书记载日期的次月

B. 车船购置发票所载开具时间的当月

C. 车船实际发生营运业务的当月

D. 主管税务机关核定纳税义务发生的当月

17. 2011 年 5 月 10 日，长沙市居民王某购买了一辆家用小轿车，王某负担的购车的税种有（　　　）。

A. 车辆购置税　　　B. 增值税　　　　C. 车船税　　　　　D. 消费税

18. 根据印花税法律制度规定，下列各项中，以所载金额作为计税依据缴纳的印花税的有（　　　）。

　　A. 财产租赁合同　　B. 工商营业执照　　C. 产权转移书据　　D. 借款合同

19. 下面属于按照征税项目划分的具体纳税人的是（　　　）。

　　A. 立合同人　　　　　B. 立账簿人

　　C. 立据人　　　　　　D. 领受人　　　　E. 保人、证人、鉴定人

20. 根据印花税的法律制度，下面各项中，属于印花税的税目的是（　　　）。

　　A. 国税局税务登记证　　　　　　　　B. 工商营业执照

　　C. 货物运输合同　　　　　　　　　　D. 土地使用证

6.1.4　业务计算题

1. 地处城市区内的某企业，2013 年 3 月份实际缴纳增值税 120 万元，消费税 25 万元，营业税 5 万元，因故被税务机关加收滞纳金 5 000 元。请计算该企业 2013 年 3 月份应纳的城市维护建设税与教育费附加税额。

2. 刘斌拥有两处房产，一处原值 48 万元的房产供自己和家人居住，另一处原值 50 万元的房产于 2012 年 7 月 1 日出租给王某居住，按市场价每月取得租金收入 1 200 元。请计算刘斌当年应缴纳的房产税为多少？

3. 长沙宏大公司 2012 年度，拥有土地共计 65 000 平方米，其中企业内部绿化占地 1 500 平方米、幼儿园占地 1 200 平方米、子弟小学占地 3 500 平方米。2012 年度上半年企业共有房产原值 4 000 万元。7 月 1 日起企业将原值 200 万元，占地面积 400 平方米的一幢仓库出租给其他企业存放物品，租期 1 年，每月租金收入 2 万元（城镇土地使用税税率为 4 元/米^2，土地房产折余比率为 20%）。

要求计算：

（1）该企业 2012 年应缴纳的城镇土地使用税；

（2）该企业 2012 年应缴纳的房产税。

4. 长沙顺通运输公司拥有载货汽车 15 辆（自重均为 10 吨/辆），载人大客车 5 辆，小客车 7 辆。计算该公司应纳车船使用税（已知载货汽车按自重每吨年税额 80 元，载人大客车每辆年税额 500 元，小客车每辆年税额 400 元）。

5. 智能公司 2013 年 4 月开业，领受产权证、工商营业执照、土地使用证各一件，与其他企业订立转移专用技术使用权书据一件，所载金额 40 万元；订立产品购销合同两件，所载金额为 75 万元；订立借款合同一份，所载金额为 20 万元。此外，企业的营业账簿中，"实收资本"科目载有资金 300 万元，其他营业账簿 10 本。试计算该企业 2013 年 4 月份应纳印花税额。

6. 某油田 2013 年 2 月缴纳资源税 15 000 000 元。3 月份生产原油 1 200 000 吨，其中向外销售原油 840 000 吨，企业自办炼油厂消耗原油 260 000 吨；企业与原油同时生产天然气 400 000 千立方米，向外销售 340 000 千立方米，企业自办炼油厂使用 50 000 千立方米，用于取暖方面使用 10 000 千立方米。该油田原油的单位税额为 12 元/吨，天然气单位税额为 8 元/千立方米。税务机关核定该企业纳税期限为 10 天，按上月税款的 1/3 预缴，月终结算。企业应于上旬终了、中旬终了、下旬终了后分别按规定预缴 1—10 日、11—20 日、21—30 日应交资源税税额。试对企业生产、销售、缴纳资源税进行相应的会计处理。

7. 某房地产开发企业 2012 年 1 月将其开发的写字楼一幢出售，共取得收入 3 800 万元。企业为开发该项目支付土地出让金 600 万元，房地产开发本为 1 400 万元，专门为开

发该项目支付的贷款利息 120 万元。为转让该项目应当缴纳营业税、城市维护建设税、教育费附加及印花税共计 210.9 万元。当地政府规定,企业可以按土地使用权出让费、房地产开发成本之和的 5% 计算扣除其他房地产开发费用。另外,税法规定,从事房地产开发的企业可以按土地出让费和房地产开发成本之和的 20% 加计扣除。计算其应纳税额,进行相应的会计处理。

6.2 企业房产税与土地增值税技能实训

实训 7 企业房产税纳税申报

【实训资料】

企业名称为长江实业有限责任公司,注册地为湖南省长沙市阿弥岭 58 号,注册资金为 8 000 万元,电话号码为 0731 – 84672180,开户行为中国建设银行五一支行,账号为 9005600589400351234,纳税人登记号为 430111407030041,法人代表为邓胜利,会计主管为王霞,微机代码为 1522622,出纳为张翔,制单员为姚新,审核员为王霞。

企业房产均为钢筋混凝土结构。主管税务机关核定企业房产税按半年度缴纳。已知该地区规定计算房产余值时的扣除比例为 30%。

2012 年 6 月固定资产折旧计算表如表 6 – 1 所示。

表 6 – 1 固定资产折旧计算表

2012 年 6 月 30 日　　　　　　　　　　　　　　　　　单位:元

固定资产名称	固定资产原值	月折旧额	累计折旧
生产经营用房	90 000 000	142 500	17 100 000
管理部门小计	27 000 000	42 752	3 610 200
其中:1 号办公楼	8 000 000	12 667	1 520 040
2 号办公楼	10 000 000	15 835	1 520 160
3 号办公楼	6 000 000	9 500	570 000
仓库	3 000 000	4 750	456 000
合　　计	117 000 000	185 252	20 710 200

2012 年 7—12 月发生有关经济业务见"项目 6 实训附件"的企业房产税纳税申报附件 (227 页)。

【实训内容】

(1) 生产经营用房与非生产经营用房的划分,生产经营用房房产税计税。

(2) 房产税涉税业务账务处理,房产税纳税申报等。

【操作程序】

(1) 根据原始凭证编制房产税应纳税额计算表。

(2) 根据房产税应纳税额计算表进行应税账务处理,填制记账凭证。

(3) 根据记账凭证登记"应交税费——应交房产税"账户。

(4) 根根房产税涉税资料和应纳税额计算表编制房产税纳税申报表。

【实训备用物品】

（1）记账凭证：收款凭证、付款凭证和转账凭证（学生自备）或者通用记账凭证。

（2）会计账簿：总分类账、三栏式明细分类账。

（3）房产税纳税申报表。

【实训操作要求】

（1）在进行实训操作之前，应全面复习房产税法和纳税会计处理方法。

（2）熟悉房产税纳税申报程序和纳税申报表的格式及填制方法。

（3）认真、仔细聆听实训教师的讲解，不懂或难以操作的业务主动请教实训指导教师。

【实训成果】

（1）计算长江实业公司 2012 年 7 月—12 月应纳的房产税税额。

（2）根据经济业务编制相关的会计分录。

（3）编制《房产税纳税申报表》。

实训 8　企业土地增值税纳税申报

【实训资料】

纳税人名称为亚华房地产开发公司，纳税人类型为股份有限公司，法人代表人为董强，营业地址及电话为长沙市五一西路 588 号，电话为 0731 – 81226588，开户银行为中国建设银行五一支行，账号为 9005600589400351234，税务登记号为 430403000000088，微机代码为 1566228，经营范围为房地产开发、物业管理、房地产租赁，财务负责人为王静，制单员为刘荣，会计为李强，出纳员为李珊。

主管税务机关核定该企业土地增值税按半年缴纳。

有关经济业务：

【实训内容】

（1）地价款、房地产开发成本、开发费用、借款利息等的账务处理、入账方法。

（2）房地产转让营业税、城建税、教育费附加、印花税等税费计算、账务处理、入账方法。

（3）土地增值额、扣除项目金额、土地增值税应纳税额计算、账务处理、入账方法，纳税申报表的编制。

【操作程序】

（1）根据原始凭证或票据进行账务处理，填制记账凭证。

（2）根据会计账户记录、计算土地增值额、扣除项目金额、土地增值税应纳税额，编制土地增值税应纳税额计算表。

（3）根据土地增值税应纳税额计算表，编制土地增值税纳税申报表。

（4）根据土地增值税应纳税额计算表、纳税申报表，编制涉税会计分录、登记相关涉税账户。

【实训备用物品】

（1）记账凭证：收款凭证、付款凭证和转账凭证（学生自备）。

（2）会计账簿：总分类账、三栏式明细分类账。

（3）土地增值税纳税申报表。

【实训操作要求】

（1）实训操作之前，全面复习土地增值税税法及有关土地增值税涉税业务会计处理方法。

（2）熟悉土地增值税纳税申报程序和纳税申报表的格式及填制方法。

（3）实训教学时，认真、仔细聆听实训教师的讲解，有不懂的地方主动请教实训指导教师。

（4）实训操作过程中，可以相互探讨，相互学习，但不能相互抄袭或委托他人代做。

【实训成果】

（1）根据以上资料，计算公司应缴的土地增值税，并作相应的应税账务处理。

（2）填制土地增值税纳税申报表。

注：相关表证见"项目6实训附件"的企业土地增值税技能实训附件（245页）。

下 篇

项目 7　关税与企业关税纳税操作

7.1　关税基本知识训练

7.1.1　单项选择题

1. 下列不属于关税纳税人的有（　　）。
   A. 经营进出口货物的收、发件人
   B. 进口个人邮件的发件人
   C. 携带行李物品进境的外国游客
   D. 各种运输工具上携带物品进境的服务人员

2. 进出口货物完税后，如果发生少征或漏征税款，并不是纳税人违反海关法造成的，海关应当自缴纳税款或放行之日起（　　）内，向发货人补征。
   A. 半年　　　　　B. 1 年　　　　　C. 2 年　　　　　D. 3 年

3. 某丝绸进出口公司出口生丝一批，离岸价格 550 万元人民币，其中包括支付给国外的佣金 50 万元，生丝的出口关税税率为 100%，则应纳出口关税为（　　）。
   A. 500 万元　　　B. 611.1 万元　　　C. 454.5 万元　　　D. 555.6 万元

4. 某进出口公司从美国进口化工原料一批，货价 30 万元，起卸前的运输、保险、包装等费用 5 000 元，进口关税税率为 10%。海关于 8 月 15 日填发税款缴款证，但该公司 8 月 27 日才缴清税款。该公司应缴纳的滞纳金为（　　）。
   A. 1 750 元　　　B. 175 元　　　C. 350 元　　　D. 0 元

5. 某企业将原进口的一批材料运往国外厂家加工货物，加工后该货物进口价格 280 万元，复运进境时同类货物价格 283 万元，加工费 61 万元，料件费 48 万元，实际运费和保险费共计 12 万元，进口关税税率为 10%，则复运进境时应纳关税为（　　）。
   A. 10.90 万元　　　B. 12.10 万元　　　C. 28.30 万元　　　D. 28 万元

6. 境内某公司自越南一口岸以铁路运输方式进口货物，该口岸成交价折合 50 万元人民币，进口关税税率为 10%，运杂费、保险费按规定核定，则应缴纳关税为（　　）。
   A. 5.05 万元　　　B. 5.03 万元　　　C. 5.02 万元　　　D. 5.04 万元

7. 下列各项中，（　　）不属于关税的纳税义务人。
   A. 进口货物的收货人　　　　　　B. 出口货物的发货人
   C. 进境物品的所有人　　　　　　D. 进口货物的发货人

8. 当一个国家存在自由港、自由区时，该国国境（　　）关境。
   A. 大于　　　　　B. 等于　　　　　C. 小于　　　　　D. 无法比较

9. （　　）是指对同一种进口货物，由于输出国或生产国不同，或输入情况不同而使用不同税率征收的关税。

    A. 反倾销税   B. 歧视关税   C. 报复关税   D. 优惠关税

10. （   ）是指对某种货物在税则中预先按照该商品的价格规定几档税率，价格高的该物品适用较低税率，价格低的该货物适用较高税率。目的是使该物品的价格在国内市场上保持稳定。

    A. 反倾销税   B. 复合关税   C. 滑动关税   D. 歧视关税

7.1.2 多项选择题

1. 下列可以计入进口货物完税价格的有 （   ）。

    A. 由买方负担的购货佣金

    B. 由买方负担的包装材料费用和包装劳务费用

    C. 由买方负担的在审查确定完税价格时与该货物视为一体的容器的费用

    D. 与该货物的生产和向中华人民共和国境内销售有关的，在境外开发、设计等相关服务的费用

2. 下列关于滑准税的陈述正确的是 （   ）。

    A. 进口价格越高，关税税率越低

    B. 可保持滑准税商品的国内市场价格相对稳定

    C. 目前我国对新闻纸实行滑准税

    D. 税率与价格成正比

3. 下列关于进出口关税税率的描述正确的是 （   ）。

    A. 进口关税税率分最惠国税率、协定税率、普通税率共三栏

    B. 出口货物实行一栏比例税率

    C. 一般情况，进出口货物的补税和退税适用该进出口货物原申报进口或出口之日实施的税率

    D. 暂时进口货物转为正式进口补税时，应按其申报正式进口日实施的税率征税

4. 出口货物完税价格的确定方法是 （   ）。

    A. 海关依法估价确定的完税价格

    B. 以成交价格为基础确定的完税价格

    C. 根据境外生产类似货物成本、利润、费用计算出的价格

    D. 以相同或类似的进口货物在境内销售价格为基础估定完税价格

5. 下列费用，不应当计入进口货物完税价格的是 （   ）。

    A. 厂房、机械、设备等货物进口后进行建设、安装、装配、维修的费用

    B. 买方负担的与该货物视为一体的容器的费用

    C. 进口货物运抵境内输入地点起卸的运输费用

    D. 进口关税及国内税收

6. 下列费用或者价值不应当计入进口货物完税价格的有 （   ）。

    A. 厂房、机械、设备等货物进口后的基建、安装、装配、维修和技术服务的费用

    B. 货物运抵境内输入地点之后的运输费用

    C. 进口关税及其他国内税

D. 该货物在境外开发、设计等相关服务的费用

7. 下列费用中，应并入进口货物完税价格的是（　　　）。

    A. 进口人向境外采购代理人支付的佣金

    B. 卖方支付给买方的正常价格回扣

    C. 设施设备等货物进口后发生的基建、安装，调试、技术指导等费用

    D. 货物成交过程中，进口人向卖方支付的佣金

8. 我国现行关税的基本规范是（　　　）。

    A.《中华人民共和国进出口关税条例》　　　B.《中华人民共和国海关法》

    C.《中华人民共和国进出口税则暂行条例》　D.《中华人民共和国海关进出口税则》

9. 目前，我国关税税率包括（　　　）。

    A. 从价关税　　　　　B. 从量关税　　　　C. 复合关税　　　　　D. 滑准关税

10. 进口货物的完税价格中的到岸价格包括（　　　）。

    A. 货价

    B. 货物运抵境内起卸前的包装费、运输费、保险费和其他合理费用

    C. 进口关税

    D. 海关估定的利润

11. 下列各项中，属于关税征税对象的是（　　　）。

    A. 贸易性商品

    B. 个人邮寄物品

    C. 入境旅客随身携带的行李和物品

    D. 馈赠物品或以其他方式进入国境的个人物品

12. 根据《进出口关税条例》的规定，下列情形中，纳税人或其代理人可以向海关申请退税的有（　　　）。

    A. 进口货物起卸后海关放行前，因不可抗力遭受损坏或损失的

    B. 因海关误征，多纳税款的

    C. 已征出口关税的货物，因故未装运出口，申报退税，经海关查验属实的

    D. 海关核准免验进口的货物，在完税后，发现有短缺情况，经海关审查认可的

13. 下列属于法定减免关税的是（　　　）。

    A. 进料加工剩余的料件内销的收入　　　B. 进口供保税区使用的机器

    C. 无商业价值的货样　　　　　　　　　D. 外国政府无偿赠送的物资

14. 对于滞纳关税的纳税人，海关有权进行强制执行，强制执行措施主要有（　　　）。

    A. 加收滞纳税金应该承担的利息　　　　B. 加收关税滞纳金

    C. 强制扣缴和变价抵缴　　　　　　　　D. 扣留进口货物

15. 下列进口货物，海关可以酌情减免关税的有（　　　）。

    A. 在境外运输途中或者起卸时，遭受损坏或者损失的货物

    B. 起卸后海关放行前，因不可抗力遭受损坏或者损失的货物

    C. 海关查验时已经破漏、损坏或者腐烂，经查为保管不慎的货物

    D. 因不可抗力，缴税确有困难的纳税人进口的货物

7.1.3 判断正误题

1. 为鼓励出口，我国对出口关税采用差别税率，分为普通税率和优惠税率。（　　）

2. 根据《进出口关税条例》规定，因纳税人违反海关有关规定造成少缴或漏缴的关税，海关可以在1年内追征。（　　）

3. 货物是非贸易性商品，物品是贸易性商品。（　　）

4. 我国对一切货物都征收出口关税。（　　）

5. 关税的滞纳金比例是5%。（　　）

6. 按海关现行规定，因收发货人或者他们的代理人违反规定而造成的少征或漏征税款，海关应当自纳税人缴纳税款或者货物放行之日起1年内，向收发货人或者他们的代理人追征。（　　）

7. 进口货物成交价格中已包括进口人向其境外代理人支付的经纪费，并且能够单独分列的，可从完税价格中扣除。（　　）

8. 进出口货物完税后，如发现少征或者漏征关税税款，海关应当自缴纳税款或者货物放行之日起一年内，向收发货人或者他们的代理人补征。（　　）

9. 边境小额贸易企业通过指定边境口岸进口原产于毗邻国家的所有商品，进口关税和进口环节增值税减半征收。（　　）

10. 运往境外加工的货物，出境时向海关报明，并在海关规定期限内复运进境的，应当以加工后的货物进境时的到岸价格作为完税价格。（　　）

7.1.4 业务计算题

1. 某工艺品进出口公司2012年3月从泰国进口宝石一批，到岸价格200 000元。另外，在宝石成交过程中，公司还向卖方支付了佣金30 000元。宝石进口关税税额为20%，请计算该批宝石应纳关税税额。

2. 某丝绸进出口公司出口生丝一批，离岸价格为550万元人民币，出口税税率为100%，请计算出口关税税额。

3. 某公司进口一批设备，货价300万元，铁路运费20万元，报关起卸后公路运费4万元，保险费无法确定，安装费2万元，该类设备的关税税率为10%；同期出口一批货物离岸价为480万元，买方另行支付包装费9万元，其中480万元含6万元支付给国外的佣金，已经单独列示；出口货物的关税税率为15%，计算本期应缴纳的关税税额。

项目 8 所得税与企业所得税纳税操作

8.1 所得税基本知识训练

8.1.1 单项选择题

1. 下列利息收入中，不计入企业所得税应纳税所得额的是（　　）。
   A. 企业债券利息　　　　　　　　　　B. 外单位欠款付给的利息收入
   C. 购买国库券的利息收入　　　　　　D. 银行存款利息收入

2. 企业缴纳的下列税种，在计算企业所得税应纳税所得额时，不准从收入总额中扣除的是（　　）。
   A. 增值税　　　　　B. 消费税　　　　　C. 营业税　　　　　D. 土地增值税

3. 按照《企业所得税法》的规定，企业年度终了后，进行汇算清缴结清税款的期限是（　　）。
   A. 3 个月　　　　　B. 4 个月　　　　　C. 5 个月　　　　　D. 6 个月

4. 根据《企业所得税法》的规定，依法在中国境内成立，或者依照外国（地区）法律成立但实际管理机构在中国境内的企业，是（　　）。
   A. 本国企业　　　　B. 外国企业　　　　C. 居民企业　　　　D. 非居民企业

5. 扣缴义务人每次代扣的税款，应当自代扣之日起（　　）内缴入国库，并向所在地的税务机关报送扣缴企业所得税报告表。
   A. 3 日　　　　　　B. 5 日　　　　　　C. 7 日　　　　　　D. 10 日

6. 某企业于 2012 年销售了 2010 年积压的一批货物，如何对这批货物计税，有以下不同意见。你认为哪种意见是正确的？（　　）
   A. 按照规定不计算存货成本，也不准予在计算应纳税所得额时扣除
   B. 按照规定计算存货成本，但不准予在计算应纳税所得额时扣除
   C. 按照规定计算存货成本，准予在计算应纳税所得额时扣除
   D. 以上意见都不正确

7. 按照《企业所得税法》的规定，下列企业不缴纳企业所得税的是（　　）。
   A. 国有企业　　　　B. 私营企业　　　　C. 合伙企业　　　　D. 外商投资企业

8. 下列项目中，准予在计算企业所得税应纳税所得额时从收入总额中扣除的项目是（　　）。
   A. 资本性支出　　　　　　　　　　　　B. 无形资产开发中未形成资产的部分
   C. 违法经营的罚款支出　　　　　　　　D. 各项税收滞纳金、罚金、罚款支出

9. 在一个纳税年度内，居民企业技术转让所得不超过（　　）的部分，免征企业所得

税，超过部分，减半征收企业所得税。

    A. 5 万元   B. 10 万元   C. 20 万元   D. 500 万元

10. 按照企业所得税法和实施条例规定，下列表述中不正确的是（   ）。

    A. 发生的与生产经营活动有关的业务招待费，不超过销售（营业）收入5‰的部分准予扣除

    B. 发生的职工福利费支出，不超过工资薪金总额14%的部分准予税前扣除

    C. 为投资者或者职工支付的补充养老保险费、补充医疗保险费在规定标准内准予扣除

    D. 为投资者或者职工支付的商业保险费，不得扣除

11. 某工业生产企业，从业人员 85 人，资产总额 2 800 万元，全年销售额 1 520 万元，成本 600 万元，销售税金及附加 460 万元，按规定列支各种费用 400 万元。已知上述成本费用中包括新产品开发费 80 万元。该企业当年应纳企业所得税（   ）。

    A. 15 万元   B. 19.8 万元   C. 4 万元   D. 6.6 万元

12. 根据企业所得税法等有关规定，不得提取折旧的固定资产是（   ）。

    A. 以经营租赁方式租出的固定资产   B. 以融资租赁方式租入的固定资产

    C. 以经营租赁方式租入的固定资产   D. 季节性停用的机器设备

13. 企业所得税法所称企业以非货币形式取得的收入，应当按照（   ）确定收入额。

    A. 公允价值   B. 重置价值   C. 历史价值   D. 原始价值

14. 缴纳企业所得税，月份或季度终了后要在规定的期限内预缴，年度终了后要在规定的期限内汇算清缴，其预缴、汇算清缴的规定期限分别是（   ）。

    A. 7 日、45 日   B. 15 日、45 日

    C. 15 日、4 个月   D. 15 日、5 个月

15. 企业来源于境外所得，已在境外实际缴纳的所得税税款，在汇总纳税并按规定计算扣除限额时，如果境外实际缴纳的税款超过扣除限额，对超过部分的处理方法是（   ）。

    A. 列为当年费用支出

    B. 从本年的应纳所得税额中扣除

    C. 用以后年度税额扣除的余额补扣，补扣期限最长不得超过 5 年

    D. 从以后年度境外所得中扣除

16. 下面哪项固定资产可以提取折旧？（   ）

    A. 以经营租赁方式租出的固定资产   B. 以融资租赁方式租出的固定资产

    C. 未使用的固定资产（机器设备）   D. 单独估价作为固定资产入账的土地

17. 甲企业 2012 年度实际发生的与经营活动有关的业务招待费为 100 万元，该公司按照（   ）万元予以税前扣除，该公司 2012 年度的销售收入为 4 000 万元。

    A. 60   B. 100   C. 240   D. 20

18. 在计算应纳税所得额时，下列支出哪项不得扣除？（   ）

    A. 缴纳的营业税   B. 合理分配的材料成本

    C. 企业所得税税款   D. 销售固定资产的损失

19. 企业与其关联方共同开发、受让无形资产，或者共同提供、接受劳务发生的成本，

在计算应纳税所得额时应当按照 （　　） 进行分摊。

    A. 公平交易原则　　　　　　　　　B. 方便交易原则

    C. 独立交易原则　　　　　　　　　D. 节约成本原则

20. 某企业于 2012 年 5 月 5 日开业，该企业的纳税年度时间为 （　　）。

    A. 2012 年 1 月 1 日至 2012 年 12 月 31 日

    B. 2012 年 5 月 5 日至 2013 年 5 月 4 日

    C. 2012 年 5 月 5 日至 2012 年 12 月 31 日

    D. 以上三种由纳税人选择

21. 企业的下列收入中，哪种是应税收入 （　　）。

    A. 国债利息收入

    B. 符合条件的居民企业之间的股息、红利等权益性投资收益

    C. 符合条件的非营利组织的收入

    D. 银行存款利息收入

22. 某公司采用资产负债表债务法核算所得税，2011 年年末“递延所得税资产”账户的贷方余额为 660 万元，假设适用的所得税税率为 33%，2012 年年初所得税税率由原来的 33% 改为 25%，本期转回可抵扣暂时性差异 300 万元，乙公司 2012 年“递延所得税资产”的本期发生额为 （　　）。

    A. 借记 300 万元　　B. 贷记 235 万元　　C. 借记 235 万元　　D. 贷记 300 万元

23. 某居民纳税人，2012 年财务资料如下：收入合计 55 万元，成本合计 30 万元。经税务机关核实，企业未能正确核算收入，税务机关对企业核定征收企业所得税，应税所得率为 15%，应纳企业所得税为 （　　） 万元。

    A. 0.75　　　　　　B. 1.32　　　　　　C. 2　　　　　　　D. 3

8.1.2　判断正误题

1. 境外的个人独资企业和合伙企业可能会成为企业所得税法规定的我国非居民企业纳税人，也可能会成为企业所得税法规定的我国居民企业纳税人。（　　）

2. 我国企业所得税法对居民企业的判定标准采取的是登记注册地标准和实际管理控制地标准相结合的原则，依照这一标准在境外登记注册的企业属于非居民企业。（　　）

3. 具有法人资格的企业才能成为居民纳税企业。（　　）

4. 居民企业承担无限纳税义务，非居民企业承担有限纳税义务。（　　）

5. 在计算应纳税所得额时，企业财务、会计处理办法与税收法律、行政法规的规定不一致的，应当依照税收法律、行政法规的规定计算。（　　）

6. 企业发生的年度亏损，可用以后 5 个盈利年度的利润弥补。（　　）

7. 某内资企业当年应纳税所得额为 50 万元，但上一年度利润表上亏损 48 万元，则当年应缴纳企业所得税 5 000 元。（　　）

8. 企业对外投资期间，投资资产的成本在计算应纳税所得额时准予扣除。（　　）

9. 企业所得税法中的转让财产收入是指企业转让固定资产、无形资产、流动资产、股权、股票、债券、债权等所取得的收入。（　　）

10. 企业所得税法的收入总额包括财政拨款、税收返还和依法收取并纳入财政管理的行

政事业性收费和政府性基金。（　　）

11. 企业所得税法中的亏损和财务会计中的亏损含义是不同的。（　　）

12. 年度终了，某企业填报的利润表反映全年利润总额为 –17 万元，因此，当年不需缴纳企业所得税。（　　）

13. 根据企业所得税法的规定，在我国目前的税收体系中，允许税前扣除的税收种类主要有消费税、营业税、资源税和城市维护建设税、教育费附加，以及房产税、车船税、耕地占用税、城镇土地使用税、车辆购置税、印花税等。（　　）

14. 企业发生的公益救济性捐赠，在应纳税所得额12%以内的部分，准予在计算应纳税所得额时扣除。（　　）

15. 企业所得税法允许按规定的比例在税前扣除的准备金只有坏账准备金和商品削价准备金两种。（　　）

16. 企业已经作为损失处理的资产，在以后纳税年度又全部收回或者部分收回时，应当计入损失发生年度的收入。（　　）

17. 按照企业所得税法的规定准予在计算应纳税所得额时扣除的成本必须是生产经营过程中的成本。（　　）

18. 按照企业所得税法的规定准予在计算应纳税所得额时扣除的费用，是指企业在生产经营活动中发生的销售费用、管理费用、财务费用和已经计入成本的有关费用。（　　）

19. 企业销售低值易耗品不属于企业所得税法所称销售货物收入。（　　）

20. 销售货物涉及商业折扣的，应当按照扣除商业折扣前的金额确定销售货物收入金额。（　　）

21. 企业所得税法所称不得扣除的赞助支出，是指企业发生的与生产经营活动无关的各种广告性质支出。（　　）

22. 企业持有各项资产期间，资产增值或者减值，可以调整该资产的计税基础。（　　）

23. 企业应当自固定资产投入使用月份起计算折旧。（　　）

24. 企业使用或者销售的存货的成本计算方法，可以在后进先出法、加权平均法、个别计价法中选用一种。（　　）

25. 某工业企业，年度应纳税所得额20万元，从业人数50人，资产总额1 000万元。它属于小型微利企业。（　　）

8.1.3　多项选择题

1. 下列属于居民企业的是（　　）
   A. 注册地与实际管理机构均在中国
   B. 注册地或实际管理机构所在地其一在中国
   C. 作出和形成企业的经营管理重大决定和决策的地点在中国
   D. 依法在中国境内成立，或者依照外国（地区）法律成立但实际管理机构在中国境内的企业

2. 税法规定准予税前摊销并扣除的长期待摊费用的范围包括（　　）。
   A. 已足额提取折旧的固定资产的改建支出　　B. 租入固定资产的改建支出
   C. 固定资产的大修理支出　　　　　　　　　D. 其他应当作为长期待摊费用的支出

3. 下列属于企业所得税法所称其他收入的是（　　　）。

   A. 资产溢余收入　　　　　　　　　　B. 逾期未退包装物押金收入

   C. 确实无法偿付的应付款项　　　　　D. 债务重组收入

   E. 补贴收入　　　　　　　　　　　　F. 违约金收入

   G. 汇兑收益

4. 下面哪些不是企业所得税纳税人？（　　　）

   A. 一人有限责任公司　　　　　　　　B. 私营合伙企业

   C. 个体工商户　　　　　　　　　　　D. 个人独资企业

5. 企业从事（　　　）项目的所得，减半征收企业所得税。

   A. 中药材的种植

   B. 花卉、茶以及其他饮料作物和香料作物的种植

   C. 海水养殖、内陆养殖

   D. 牲畜、家禽的饲养

6. 下列项目中，在会计利润的基础上应调整增加应纳税所得额的项目有（　　　）。

   A. 职工教育经费支出超标准　　　　　B. 利息费用支出超标准

   C. 公益救济性捐赠超标准　　　　　　D. 查补的营业税

7. 下列项目中，在会计利润的基础上应调整减少应纳税所得额的项目有（　　　）。

   A. 查补的消费税　　　　　　　　　　B. 多提的职工福利费

   C. 国库券利息收入　　　　　　　　　D. 多列的无形资产摊销费

8. 在计算应纳税所得额时，下列哪些固定资产不得计算折旧扣除？（　　　）

   A. 未使用的房屋、建筑物　　　　　　B. 接受捐赠的固定资产

   C. 以经营租赁方式租入的固定资产　　D. 单独估价作为固定资产入账的土地

9. 企业实际发生的与取得收入有关的、合理的支出，准予在计算应纳税所得额时扣除。其中包括（　　　）。

   A. 企业生产的成本、费用　　　　　　B. 企业的税金

   C. 企业的损失　　　　　　　　　　　D. 赞助支出

10. 在计算应纳税所得额时，下列支出不得扣除的是（　　　）。

   A. 税收滞纳金　　　　　　　　　　　B. 被没收财物的损失

   C. 法定比例范围内的公益性捐赠支出　D. 向投资者支付的股息

11. 在资产负债表债务法下，应设置的账户有（　　　）。

   A. 所得税费用　　　　　　　　　　　B. 应交税费——应交所得税

   C. 递延所得税资产　　　　　　　　　D. 应交所得税

12. 下面可以在税前计算摊销费用的是（　　　）。

   A. 已足额提取折旧的固定资产的改建支出

   B. 租入固定资产的改建支出

   C. 自创商誉

   D. 固定资产的大修理支出

13. 下列叙述正确的是（　　　）。

   A. 企业从事国家重点扶持的公共基础设施项目的投资经营的所得，自项目取得第

一笔生产经营收入所属纳税年度起，第 1 年至第 3 年免征企业所得税，第 4 年至第 6 年减半征收企业所得税（简称"三免三减半"）

    B. 企业从事符合条件的环境保护、节能节水项目的所得，自项目取得第一笔生产经营收入所属纳税年度起，实行"三免三减半"

    C. 企业从事以《资源综合利用企业所得税优惠目录》规定的资源作为主要原材料，生产国家非限制和禁止并符合国家和行业相关标准的产品取得的收入，减按 90% 计入收入总额

    D. 企业从事开发新技术、新产品、新工艺发生的研究开发费用，未形成无形资产的计入当期损益，在按照规定据实扣除的基础上，按照研究开发费用的 50% 加计扣除；形成无形资产的，按照无形资产成本的 150% 摊销

14. 下列支出项目不得列为成本、费用和损失的有（　　　）。
    A. 无形资产的受让、开发支出　　　　　B. 资本的利息
    C. 对外投资所发生的投资费用或损失　　D. 违法经营的罚款和被没收财物的损失

15. 企业的下列收入中（　　　）为不征税收入。
    A. 财政拨款
    B. 依法收取并纳入财政管理的政府性基金
    C. 国务院规定的不征税收入
    D. 国债利息收入
    E. 符合条件的非营利组织的收入

16. 特许权使用费收入是指企业提供（　　　）取得的收入。
    A. 专利权　　　　B. 非专利技术　　　　C. 商标权　　　　D. 土地使用权

17. 企业发生非货币性资产交换，以及将货物、财产、劳务用于（　　　），应当视同销售货物、提供劳务。
    A. 捐赠　　　　B. 偿债　　　　C. 赞助　　　　D. 在建工程

8.1.4　业务计算题

1. 甲中型工业企业执行现行财会制度和税收法规，2012 年企业会计报表利润为 200 000 元，未作任何项目调整，已按 25% 的所得税率计算缴纳所得税 50 000 元。税务检查人员对该企业进行所得税纳税审查，经查阅有关账证资料，发现如下问题：

（1）企业 2012 年度有正式职工 100 人，实际列支工资、津贴、补贴、奖金为 1 200 000 元；

（2）企业"长期借款"账户中记载，年初向中国银行借款 100 000 元，年利率为 5%；向其他企业借周转金 200 000 元，年利率 10%，上述借款均用于生产经营；

（3）全年销售收入 60 000 000 元，企业列支业务招待费 250 000 元；

（4）该企业 2012 年在税前共计提取并发生职工福利费 168 000 元，计提了工会经费 24 000 元，计提了教育经费 38 000 元；

（5）2012 年 6 月 5 日"管理费用"科目列支厂部办公室使用的空调器一台，价款 6 000 元（折旧年限按 6 年计算，不考虑残值）；

（6）年末"应收账款"借方余额 1 500 000 元，"坏账准备"科目贷方余额 6 000 元（该企业坏账核算采用备抵法，按 3% 提取坏账准备金）；

（7）其他经核实均无问题，符合现行会计制度及税法规定。

要求：

（1）扼要指出存在的问题；

（2）计算应补企业所得税额。

2. 某小型零售企业 2012 年度自行申报收入总额 250 万元、成本费用 258 万元，经营亏损 8 万元。经主管税务机关审核，发现其发生的成本费用真实，实现的收入无法确认，依据规定对其进行核定征收。假定应税所得率为 9%，则该小型零售企业 2012 年度应缴纳的企业所得税为多少？

3. 某工业企业 2012 年采取核定应税所得率方式缴纳企业所得税，当年收入总额为 1 300 万元，其中含国债利息收入 100 万元，取得市财政局下拨的符合不征税收入条件的专项用途财政性资金 200 万元，企业适用的应税所得率为 15%，无其他事项。

要求：计算该企业应缴纳的企业所得税。

4. 恒生企业 2012 年发生下列业务：

（1）销售产品收入 2 000 万元；

（2）接受捐赠材料一批，取得捐赠方开具的增值税发票，注明价款 10 万元，增值税 1.7 万元；企业找一运输公司将该批材料运回企业，支付运杂费 0.3 万元；

（3）转让一项商标所有权，取得营业外收入 60 万元；

（4）收取当年让渡资产使用权的专利实施许可费，取得其他业务收入 10 万元；

（5）取得国债利息 2 万元；

（6）全年销售成本 1 000 万元；

（7）全年销售费用 500 万元，含广告费 400 万元；全年管理费用 300 万元，含招待费 80 万元，新产品开发费用 70 万元；全年财务费用 50 万元；

（8）全年营业外支出 40 万元，含通过政府部门向灾区捐款 20 万元；直接向私立小学捐款 10 万元；违反政府规定被工商局罚款 2 万元。

要求计算：

（1）该企业的会计利润总额；

（2）该企业对收入的纳税调整额；

（3）该企业对广告费用的纳税调整额；

（4）该企业对招待费的纳税调整额；

（5）该企业对营业外支出的纳税调整额；

（6）该企业应纳税所得额；

（7）该企业应纳所得税额。

8.2 企业所得税纳税技能实训

实训9 查账征收企业所得税核算与季度纳税申报

【实训资料】

（一）企业基本情况

长沙明华机械厂主要从事各种机械设备的研发、生产和销售。它是增值税一般纳税人，适用17%的增值税税率。企业所得税税率为25%。公司法定代表人为杨平。单位地址为湖南省长沙市三一路28号。公司电话为0731－82625670。公司的纳税人识别号为430104712261524，开户行为工商银行星沙支行，账号为9012025472973826。该企业的所得税实行查账征收，按实际利润的25%分季预缴2011年1—3季度已须缴纳所得税457413.75元；该公司的会计核算采用记账凭证账务处理程序，存货采用实际成本计价核算，所得税会计采用应付税款法。公司的会计主管为陈娟，记账员为黄灵，审核员为杨任，办税员为李芳，出纳为贺艳。

该厂于2012年1月12日办理了2011年第四季度的预缴申报，于2012年3月20日办理了2011年度所得税年度纳税申报。相关表证见"项目8实训附件"的查账征收企业所得税核算与季度纳税申报附件（263页）。（假定该单位2011年第四季度仅涉及增值税、城建税1%、教育费附加3%、企业所得税，其他税费不考虑。）

【实训内容】

（1）月（季度）度利润计算及利润表编制、月（季度）度应纳企业所得税计算。

（2）企业所得税月（季度）度预缴纳税申报表（A类）填制。

【操作程序】

根据公司2011年12月份有关收入、成本、费用、税金等账户资料，编制该企业12月份利润表和企业所得税月度预缴纳税申报表（A类）。

【实训操作要求】

（1）实训操作之前，全面复习企业所得税法的基本条款、纳税调整法计税基本流程以及企业所得税的账务处理方法。

（2）熟悉所得税预缴方式与计算方法。

（3）模拟实训时既可向实训指导教师请教，也可与其他同学讨论，但不得相互抄袭。

【实训成果】

（1）长沙明华机械厂2011年12月份的利润表与资产负债表。

（2）企业所得税月（季度）预缴纳税申报表（A）空白报表。

（3）企业所得税预缴的账务处理。

实训10　查账征收企业所得税核算与年度纳税申报

【实训资料】

沿用实训9资料。

【实训内容】

（1）根据公司2011年全年有关收入、成本、费用、税金等明细资料，编制全年利润计算工作底稿，进而编制该企业2011年度利润表。

（2）运用纳税调整法编制企业所得税纳税调整工作底稿，计算2011年该企业应纳企业所得税税额，并进行相应的账务处理，填制记账凭证，登记涉税账户。

（3）根据收入、成本、费用、税金等明细资料和企业所得税纳税调整工作底稿，填制企业所得税年度纳税申报表（A类）及附列资料表。

【实训备用物品】

（1）凭证账簿：记账凭证（学生自备）、三栏式总账及明细分类账。

（2）税额计算表：损益表、纳税调整工作底稿。

（3）纳税申报表：企业所得税月（季度）预缴纳税申报表（A）、企业所得税年度纳税申报表（A）及其附列资料表。

【操作程序】

（1）根据公司2011全年有关收入、成本、费用、税金等明细资料，编制全年利润计算工作底稿，进而编制企业2011年度利润表。

（2）通过相关明细资料分析、编制纳税调整工作底稿，计算企业应纳的所得税税额，并进行相应的账务处理。

（3）根据收入、成本、费用、税金等明细资料和企业所得税纳税调整工作底稿，填制企业所得税年度纳税申报表（A类）及附列资料表。

（4）企业所得税应税与纳税、预缴和汇算清缴的账务处理及其账户录入。

【实训操作要求】

（1）实训操作之前，全面复习企业所得税法的基本条款、纳税调整法计税基本流程以及企业所得税的账务处理方法。

（2）为了强化实训过程，编制纳税调整工作底稿、计算年度应纳企业所得税税额等，需列出计算过程，以元为单位，保留小数点后两位。

（3）编制纳税调整工作底稿时要注意相关资料，例如进行管理费用纳税调整工作时，除要了解管理费用各项目的资料，还要了解固定资产资料、职工工资资料等，并对应分析。

（4）实训过程中要养成逐笔复核、逐笔对账的习惯，做到账证相符、账账相符、账表相符，纳税申报资料真实可信。

（5）模拟实训时既可向实训指导教师请教，也可与其他同学讨论，但不得相互抄袭。

【实训成果】

（1）长沙明华机械厂2011年度利润表。

（2）长沙明华机械厂2011年度企业应纳的所得税税额，并进行相应的账务处理。

（3）填制的企业所得税年度纳税申报表（A类）及附列资料表，相关表证见"项目8实训附件"的查账征收企业所得税核算与年度纳税申报附件（281页）。

项目9 个人所得税与个人所得税纳税操作

9.1 个人所得税基本知识训练

9.1.1 单项选择题

1. 下列所得一次收入畸高可以实行加成征收的是（   ）。
   A. 稿酬所得　　　B. 劳务报酬所得　　　C. 偶然所得　　　D. 股息红利所得

2. 下列所得中，适用于加成征税规定的是（   ）。
   A. 个体工商户的生产经营所得　　　　B. 劳务报酬所得
   C. 稿酬所得　　　　　　　　　　　　D. 特许权使用费所得

3. 居民陈某 2010 年出租自有居住用房，租期一年，全年租金收入为 36 000 元。计算其全年应纳的个人所得税为（   ）元。
   A. 5 280　　　　B. 5 760　　　　C. 8 640　　　　D. 2 640

4. "劳务报酬所得一次收入畸高的"是指（   ）。
   A. 个人一次取得的劳务报酬所得超过 20 000 元
   B. 个人一次取得的劳务报酬所得超过 50 000 元
   C. 个人一次取得的劳务报酬的应纳税所得额超过 20 000 元
   D. 个人一次取得的劳务报酬的应纳税所得额超过 50 000 元

5. 某韩国人 2010 年 1 月 12 日来华工作，2011 年 2 月 15 日回国，2011 年 3 月 12 日返回中国，2011 年 11 月 15 日至 2011 年 11 月 30 日期间，因工作需要去了日本和新加坡，后于 2012 年 7 月离华回国。该纳税人（   ）。
   A. 2010 年度为居民纳税人，2011 年度为非居民纳税人
   B. 2011 年度为居民纳税人，2012 年度为非居民纳税人
   C. 2011 年度和 2012 年度均为非居民纳税人
   D. 2010 年度和 2011 年度均为居民纳税人

6. 廖某 2012 年出版了中篇小说一部，取得稿酬 5 000 元，同年该小说在一家晚报上连载，取得稿酬 3 800 元。廖某以上稿酬所得应纳个人所得税为（   ）元。
   A. 980　　　　B. 985.6　　　　C. 1 120　　　　D. 1 600

7. 对于劳务报酬所得，若同一事项连续取得收入的，其收入"次"数的确定方法是（   ）。
   A. 以取得收入时为一次
   B. 以一个月内取得的收入为一次
   C. 以一个季度内取得的收入为一次
   D. 以事项完成后取得的所有收入合并为一次

8. 自行申报缴纳个人所得税的个体工商户，应向（　　　）主管税务机关申报。

    A. 收入来源地　　　　　　　　　　B. 实际经营所在地

    C. 税务机关指定地　　　　　　　　D. 个人户籍所在地

9. 年所得 12 万元以上的纳税人，在纳税年度终了后（　　　）个月内向主管税务机关办理纳税申报。

    A. 7　　　　　　　B. 15　　　　　　C. 30　　　　　　D. 3

10. 中国公民王某 2012 年度在 A 国取得特许权使用费所得 6 000 元，在 A 国已按该国税法纳税 1 200 元，此外，该公民在国内有工资收入，一年为 24 600 元，则该公民这一纳税年度应纳个人所得税（　　　）元。

    A. 336　　　　　　B. 0　　　　　　C. 30　　　　　　D. 270

11. 2012 年 7 月 31 日，公民李某从其任职的电视剧影视中心取得本月工资收入 2 000 元以及剧本使用费 6 000 元，当月李某应缴纳个人所得税额（　　　）元。

    A. 960　　　　　　B. 1 055　　　　　C. 1 065　　　　　D. 1 280

12. 下列应税项目中，不适用代扣代缴方式的是（　　　）。

    A. 工资薪金所得　　　　　　　　　　B. 稿酬所得

    C. 个体户生产经营所得　　　　　　　D. 劳务报酬所得

13. 演员章某一次获得表演所得 30 000 元（含税），其应纳个人所得税税额（　　　）元。

    A. 7 200　　　　　B. 5 200　　　　　C. 4 800　　　　　D. 7 000

14. 赵某 2012 年 1 月将自有住房出租，租期一年，每月取得租金收入 2 500 元（超过当地市场价格），全年租金收入 30 000 元（不考虑其他税费），赵某 2010 年的租金收入应纳的个人所得税税额为（　　　）元。（当地政策个人按市价出租住房所得减按 50% 征收个人所得税。）

    A. 5 840　　　　　B. 2 040　　　　　C. 4 080　　　　　D. 3 360

15. 韩国居民崔先生受其供职的境外公司委派，来华从事设备安装调试工作，在华停留 60 天，期间取得境外公司支付的工资 40 000 元，取得中国体育彩票中奖收入 20 000 元。崔先生应在中国缴纳个人所得税（　　　）。

    A. 4 000 元　　　　B. 5 650 元　　　　C. 9 650 元　　　　D. 10 250 元

9.1.2　判断正误题

1. 临时离境是指在一个纳税年度中，一次不超过 30 日或多次累计不超过 120 日的离境。（　　　）

2. 在确定财产租赁的应纳税所得额时，纳税人在出租财产过程中缴纳的税金和教育费附加，可持完税凭证，从其财产租赁收入中扣除。（　　　）

3. 财产转让所得按月纳税，以转让财产的收入额减除财产原值和合理费用后的余额为应纳税所得额。（　　　）

4. 凡向个人支付应纳税所得的单位和个人，不论是向本单位人员支付，还是向其他人员支付，均应在支付时代扣代缴其应纳的个人所得税。（　　　）

5. 个人领取的原提存的住房公积金、医疗保险金、基本养老保险金，免征个人所得税。（　　　）

6. 两个或两个以上个人共同取得同一项所得的，应先就其全部收入减除费用计算征收个人所得税，然后将其税后所得在各纳税人之间分配。（　　）

7. 劳务报酬所得适用比例税率，税率为 20%。对劳务报酬所得一次收入畸高的，可以实行加成征收。"一次收入畸高"是指一次收入的应纳税所得额超过 50 000 元。（　　）

8. 对个人独资企业和合伙企业生产经营所得，按查账征税法征收的，投资者及其家庭发生的生活费用允许在税前扣除。（　　）

9. 个人担任董事职务取得的董事费收入，不属于劳务报酬性质，按工资薪金所得项目征税。（　　）

10. 个人所得用于各种公益救济性捐赠的，按捐赠额在纳税人申报的应纳税所得额 30% 以内的部分可从应纳税所得额中扣除。（　　）

11. 对企事业单位的承包经营、承租经营所得按年纳税。减除必要费用，是指按月减除 1 600 元。（　　）

12. 同一作品在报刊上连载取得的收入，应当以每次连载取得的收入为一次计征个人所得税。（　　）

13. 利息、股息、红利所得，偶然所得和其他所得，以每次收入额减除必要的费用后为应纳税所得额。（　　）

14. 个体工商户生产经营所得的个人所得税税率为 25% 比例税率。（　　）

15. 个人取得应纳税所得，没有扣缴义务人的或者扣缴义务人未按规定扣缴税款的，均应自行申报缴纳个人所得税。（　　）

16. 纳税人在两处或两处以上取得工资、薪金所得的，可选择并固定在其中一处单位所在地税务机关申报纳税，从境外取得所得的，应向户籍所在地或经常居住地税务机关申报纳税。（　　）

17. 对个人购买福利彩票与单张有奖发票奖金，中奖收入在 1 万元以下的（含 1 万元）的，暂免征收个人所得税；超过 1 万元的，全额征收个人所得税。（　　）

18. 对依照法律规定履行代扣代缴税款手续的单位和个人，税务机关按其所扣税款 25% 付给手续费；对未按规定履行代扣代缴义务的，其应纳税款仍然由纳税人缴纳，扣缴义务人应承担应扣未扣税款 50% 至 5 倍的罚款。（　　）

19. 年所得 12 万元以上的纳税人，应在纳税年度终了后的 3 个月内向其主管税务机关办理纳税申报。（　　）

20. 个人所得税采用由支付单位代扣代缴和纳税人自行申报两种征收方式。（　　）

9.1.3　多项选择题

1. 下列各项中，应当按照工资、薪金所得项目征收个人所得税的有（　　）。
   A. 劳动分红　　　　　　　　　　B. 独生子女补贴
   C. 差旅费津贴　　　　　　　　　D. 超过规定标准的午餐费

2. 下列个人所得应按工资、薪金所得项目征税的有（　　）。
   A. 公司职工购买国有股权的劳动分红
   B. 集体所有制职工以股份形式取得企业量化资产参与分配获得的股息
   C. 内部退养的个人从办理内部退养手续至法定退休年龄之间从原单位取得的收入

D. 职工从本单位取得的子女托儿补助

3. 下列纳税人中，工资、薪金所得适用附加费用扣除标准的有（　　　）。

    A. 境外任职或受雇的中国公民

    B. 内地中外合资企业任职的华侨

    C. 内地国外常设机构工作的中方人员

    D. 内地无住所、居住不满1年的外籍人员

4. 下列项目中，直接以每次收入额为应纳税所得额计算缴纳个人所得税的有（　　　）。

    A. 稿酬所得   B. 利息、股息、红利所得

    C. 偶然所得   D. 特许权使用费所得

5. 下列所得属于劳务报酬所得的有（　　　）。

    A. 从事设计取得的所得   B. 从事审稿业务取得的所得

    C. 从事翻译取得的所得   D. 个人担任董事职务取得的董事费收入

6. 个人取得的下列所得，免征个人所得税的有（　　　）。

    A. 单位部门津贴

    B. 个人转让自用8年的家庭唯一生活用房的所得

    C. 本单位发给的先进个人奖金

    D. 离退休人员工资

7. 下列劳务报酬所得中，不适用加成征收的是（　　　）。

    A. 设计费32 000元   B. 咨询费5 500元

    C. 中介费22 000元   D. 稿酬26 000元

8. 下列所得适用20%的比例税率的有（　　　）。

    A. 财产租赁所得   B. 财产转让所得

    C. 稿酬所得   D. 个体工商户的生产、经营所得

9. 下列属于稿酬所得项目的是（　　　）。

    A. 将译文在学术刊物上发表取得的所得

    B. 集体编写并正式出版的教材取得的报酬

    C. 受托翻译论文的报酬

    D. 在报纸上发表文章的报酬

10. 对所得征收个人所得税时，以每次收入额为应纳税所得额的有（　　　）。

    A. 股息、利息红利所得   B. 稿酬所得

    C. 劳务报酬所得   D. 偶然所得

11. 在计算个体工商户的经营所得时，下列税金可以扣除的有（　　　）。

    A. 营业税   B. 城市维护建设税   C. 增值税   D. 土地增值税

12. 下列所得适用超额累进税率的有（　　　）。

    A. 工资、薪金所得   B. 个体工商户生产、经营所得

    C. 对企事业单位的承包、承租经营所得   D. 财产转让所得

13. 下列各项所得中，应当缴纳个人所得税的有（　　　）。

    A. 个人的贷款利息   B. 个人取得的企业债券利息

    C. 个人取得的国库券利息   D. 个人取得的股息

14. 计算个体工商户的生产、经营所得时不得在所得税前列支的项目有（　　）。
    A. 各种赞助支出　　　　　　　　　　B. 个体户业主的工资支出
    C. 财产保险支出　　　　　　　　　　D. 缴纳的个人所得税

15. 下列各项个人所得中，应当征收个人所得税的有（　　）。
    A. 企业集资利息　　　　　　　　　　B. 从股份公司取得股息
    C. 企业债券利息　　　　　　　　　　D. 国家发行的金融债券利息

16. 下列各项中，适用 5% ~35% 的五级超额累进税率征收个人所得税的有（　　）。
    A. 个体工商户的生产、经营所得
    B. 合伙企业的生产、经营所得
    C. 个人独资企业的生产、经营所得
    D. 对企事业单位的承包经营、承租经营所得

17. 下列情况中，应由纳税人自行申报纳税的有（　　）。
    A. 年所得 12 万元以上的
    B. 从中国境内两处或者两处以上取得工资、薪金所得的
    C. 从中国境外取得所得的
    D. 取得应税所得，没有扣缴义务人的

18. 下列个人所得在计算个人所得税应纳税所得额时，可按月减除定额费用的有(　　)。
    A. 对企事业单位的承包、承租经营所得　　B. 财产转让所得
    C. 工资薪金所得　　　　　　　　　　D. 个体工商户的生产经营所得

9.1.4　业务计算题

1. 假定 2012 年 1 月 1 日，某个人与事业单位签订承包合同经营招待所，承包期为 3 年。2012 年招待所实现承包经营利润 85 000 元，按合同规定承包人每年应从承包经营利润中上缴承包费 20 000 元。计算承包人 2012 年应纳个人所得税税额。

2. 王某建房一幢，造价 36 000 元，支付费用 2 000 元。该人转让房屋，售价 60 000，在卖房过程中按规定支付交易费等有关费用 2 500 元，其应纳多少个人所得税？

3. 陈某在参加商场的有奖销售过程中，中奖所得共计价值 20 000 元。陈某领奖时告知商场，从中奖收入中拿出 4 000 元通过教育部门向某希望小学捐赠。请按照规定计算商场代扣代缴个人所得税后，陈某实际可得中奖金额。

4. 中国居民方某在同一纳税年度，从 A、B 两国取得应税收入。其中：在 A 国一公司任职，取得工资、薪金收入 69 600 元（平均每月 5 800 元），因提供一项专利技术使用权，一次取得特许权使用费收入 30 000 元，该两项收入在 A 国缴纳个人所得税 5 200 元；因在 B 国出版著作，获得稿酬收入（版税）15 000 元，并在 B 国缴纳该项收入的个人所得税 1 720 元。计算方某该年度应纳的个人所得税。

5. 路路通运输公司是董某开的个体工商户，2012 年度有关经营情况如下：
（1）取得营运收入 200 万元；
（2）发生营运成本 165 万元；
（3）发生营运税费 2.64 万元；

（4）支付业务招待费用 4 万元；

（5）3 月份购买小货车一辆支出 5 万元（不考虑折旧）；

（6）共有雇员 3 人，人均月工资 1 700 元（当地税务机关确定，人均月计工资标准为 1 400元）；

（7）该个体工商户董老板每月领取工资 3 000 元，当地税务机关确定扣除费用为每月 2 000元；

（8）当年向某单位借入流动资金 10 万元，支付利息费用 1 万元，同期银行贷款利息率为 4.8%；

（9）10 月份小货车在运输途中发生车祸被损坏，损失达 4.5 万元，次月取得保险公司的赔款 2.5 万元；

（10）对外投资，分得股息 3 万元。

该个体工商户老板董某自行计算 2012 应缴纳个人所得税如下：

应纳税所得额 = 200 - 165 - 2.64 - 4 - 5 - 6.12 - 2.4 - 1 - 4.5 + 3 = 12.34（万元）

应纳个人所得税 = 12.34 × 35% - 0.675 = 3.644（万元）

要求：

（1）根据上述资料，分析该个体工商户自行计算应纳的个人所得税是否正确，并指出错在何处。

（2）核定并计算该个体工商户 2012 年应缴的个人所得税。

9.2　个人所得税纳税技能实训

实训 11　个人所得税核算与自行纳税申报

【实训资料】

长沙市雨花区宏达机械公司（非上市公司），其税务代码为 4301032962012013031，张军是部门经理，并拥有公司的股份。张军的身份证号码为 430103197011020017。联系地址：长沙市雨花区韶山 168 号。邮编：410005。开户银行：工行树处 1965982710（张军一直选择在雨花区地税局申报纳税）。同时，张军还在长沙市天心区寿保分公司任职。相关表证见"项目 9 实训附件"的个人所得税核算与自行纳税申报附件（307 页）。

【实训内容】

（1）计算张军 2011 年各项所得应扣缴的个人所得税。

（2）分析张军取得的上述收入应如何办理纳税申报。

（3）计算张军 2011 年度的所得并判断是否需要自行申报，若需要，则填制张军自行申报的纳税申报表。

【实训备用物品】

（1）凭证账簿：记账凭证（学生自备）、三栏式总账及明细分类账。

（2）税额计算表：个人所得税率表（一）、个人所得税率表（二）、劳务报酬所得计算表。

（3）纳税申报表：个人所得税纳税申报表（适用年所得 12 万元以上的纳税人）。

【操作程序】

（1）据自然纳税人个人 2011 全年有关收入、费用、税费等原始资料，计算个人各项所得应纳的个人所得税额。

（2）通过相关原始资料分析、计算各项所得应纳的个人所得税，判断是否需要自行申报。

（3）据个人全年应纳税所得，填制个人所得税年度纳税申报表。

（4）进行个人所得税应税与纳税的账户录入。

（5）模拟实训时既可向实训指导教师请教，也可与其他同学讨论，但不得相互抄袭。

【实训成果】

（1）准确计算个人各项所得应扣缴的个人所得税额。

（2）熟练、规范进行个人所得税纳税申报表（适用年所得 12 万元以上的纳税人）的填报工作。

实训 12　代扣代缴个人所得税核算与扣缴报告

【实训资料】

长沙万发公司是一家主要生产课桌椅的制造企业。公司法定代表人为柳翼，财务经理为胡梅。单位地址为湖南省长沙市三一路 28 号，公司电话为 0731－82625670。公司的纳税人识别号为 4301047162052422，开户行为工商银行星沙支行，账号为 9012025472973826。该企业是增值税一般纳税人。主管税务机关为雨花区税务局。相关表证见"项目 9 实训附件"的代扣代缴个人所得税核算与扣缴报告附件（317 页）。

【实训内容】

（1）计算应代扣代缴的个人所得税并进行单位代扣代缴的分录。

（2）填制代扣代缴报告表，办理个人所得税代扣代缴纳税申报。

【实训备用物品】

（1）凭证账簿：记账凭证（学生自备）、三栏式总账及明细分类账。

（2）税额计算表：个人所得税率表（一）、个人所得税率表（二）、劳务报酬所得计算表。

（3）纳税申报表：代扣代缴报告表。

【操作程序】

（1）根据单位员工各项所得，计算应代扣代缴的个人所得税并进行单位代扣代缴的分录。

（2）正确填制代扣代缴报告表，办理个人所得税代扣代缴纳税申报。

（3）进行代扣代缴个人所得税应税与纳税的账户录入。

（4）模拟实训时既可向实训指导教师请教，也可与其他同学讨论，但不得相互抄袭。

【实训成果】

（1）规范、正确填写长沙万发公司 2011 年 4 月份工资薪金扣缴个人所得税报告表。

（2）作关于职工应付薪酬、购入设备和支付租金应代扣个人所得税的涉税会计分录。

实训 13　个体工商户个人所得税纳税申报

【实训资料】

企业名称为悦来餐厅，注册地为长沙市蔡锷路 108 号，注册资金为 10 万元，法人代表为廖佳佳，会计为李琳（兼纳税申报），出纳员为李珊，开业日期为 2007 年 9 月 10 日，税务管理代码为 203000495，开户银行为中国银行蔡锷路支行，账号为 50815801298431，电话号码为 0731－83251736。

税务登记类型为营业税个体工商户，适用营业税率为 5%，城市维护建设税税率为 7%，教育费附加征收率为 4.5%。经税务机关核定采用查账征收方式分月按实预缴所得税。

相关表证见"项目 9 实训附件"的个体工商户个人所得税申报附件（327 页）。

【实训内容】

（1）准确计算个体工商户（个人独资企业、合伙企业）应纳的个人所得税额。

（2）进行个人所得税相关涉税账务处理。

（3）正确、规范填写个人所得税纳税申报表，并能熟练进行个人所得税的纳税申报工作。

【实训备用物品】

（1）凭证账簿：记账凭证（学生自备）、三栏式总账及明细分类账。

（2）税额计算表：个人所得税率表（一）、个人所得税率表（二）、劳务报酬所得计算表。

（3）纳税申报表：个体工商户个人所得税月份申报表、个体工商个人所得税年度纳税申报表。

【操作程序】

（1）正确计算个体工商户当期生产经营所得应纳的个人所得税，并进行相应的会计处理。

（2）正确填报个体工商户个人所得税月份申报表。

（3）根据个体工商户全年生产经营所得和其他所得，编制全年应纳税所得额计算工作底稿。

（4）计算个体工商户全年应纳的个人所得税并进行纳税申报与相应的分录处理。

（5）进行个人所得税应税与纳税的账户录入。

（6）模拟实训时既可向实训指导教师请教，也可与其他同学讨论，但不得相互抄袭。

【实训成果】

（1）个体工商户生产经营所得应纳的个人所得税，进行相应的会计处理。

（2）填报的个体工商户个人所得税月份申报表。

（3）填报的个体工商个人所得税年度纳税申报表。

项目 10　企业纳税筹划

10.1　纳税筹划基本知识训练

10.1.1　单项选择题

1. 具有非违法性、策划性、权利性、规范性和非倡导性特点的行为是（　　）。
   A. 避税　　　　　　B. 节税　　　　　　C. 逃税　　　　　　D. 偷税

2. 我国倡导的可以减少企业缴纳税款的行为是（　　）。
   A. 避税　　　　　　B. 节税　　　　　　C. 逃税　　　　　　D. 偷税

3. 纳税人的年货物销售额与非增值税应税劳务营业额的合计数中，在年货物销售额
   （　　）的情况下缴纳营业税。
   A. 小于 50%　　　　B. 等于 50%　　　　C. 大于 50%　　　　D. 不小于 50%

4. 甲乙两企业合作建房，甲提供土地使用权，乙提供资金，正确的是（　　）。
   A. "合作经营"方式下，甲应纳营业税　　B. "以物易物"方式下，甲不缴营业税
   C. "合作经营"方式下，甲不纳营业税　　D. 无论采用哪种方式，甲均不纳营业税

5. 企业取得的（　　）利息收入免征企业所得税。
   A. 国债　　　　　　　　　　　　　　　B. 企业发行可转换公司债券
   C. 金融债券　　　　　　　　　　　　　D. 企业债券

6. 甲企业 2012 年度实现会计利润 1 000 万元，适用所得税税率为 25%。企业为了提高
   知名度及产品的竞争力，决定向社会相关单位捐赠现金 500 万元。采用哪种捐赠方
   式能使企业应纳所得税额最少？（　　）
   A. 纳税人自己为贫困山区建设一所希望小学
   B. 纳税人通过县级以上人民政府为上海世博会捐赠
   C. 纳税人通过县级以上人民政府向教育事业捐赠
   D. 纳税人通过公益性社会团体为洪水灾区灾民提供救济性捐赠

7. 不能达到节税目的的租金支出的节税筹划是（　　）。
   A. 使租金支出费用最大化　　　　　　　B. 合理分配跨期间费用
   C. 取得合法凭证　　　　　　　　　　　D. 在税收优惠期间，采用加速折旧法

8. 从事环境保护·节能节水项目的所得，自项目取得第一笔收入所属纳税年度起，第 1
   年至第 3 年（　　）。
   A. 免征所得税　　　　　　　　　　　　B. 减半征收所得税
   C. 按 15% 税率征收所得税　　　　　　　D. 全额征收所得税

9. 企业在决定投资方向时，选择哪一种国家鼓励发展的投资项目，在获得收益的同时，

可以获得最大程度上的所得税税收减免？（　　　）

A. 从事国家重点扶持的公共基础设施项目

B. 从事蔬菜、谷物、水果、坚果的种植

C. 从事符合条件的环境保护、节能节水项目

D. 从事花卉、茶和香料作物的种植

10. 不得从销项税额中抵扣的进项税额是（　　　）。

A. 增值税一般纳税人购进小规模纳税人销售的农产品

B. 从海关取得的完税凭证上注明的增值税额

C. 从销售方取得的增值税专用发票上注明的增值税额

D. 正常损失的在产品所耗用的购进货物

10.1.2　判断正误题

1. 纳税筹划的筹划性是指在纳税行为发生之后，对经营事项进行规划、设计、安排，以达到减轻税收负担的目的。（　　　）

2. 节税是合法行为，避税是政府不倡导的行为，逃税、偷税是政府禁止的行为。（　　　）

3. 营业税是以营业额为计税依据，缩减营业额会直接减少应纳税额。（　　　）

4. 一项销售行为既涉及营业税应税劳务又涉及增值税的货物，为兼营销售行为。（　　　）

5. 增值税是价外税，因此增值税一般纳税人企业从不同的纳税人处购进货物和劳务，增值税税负一样。（　　　）

6. 延期纳税的目的是利用货币时间价值和降低应缴纳税款的总金额。（　　　）

7. 通过营业税的计算公式：应纳营业税额＝营业额×税率。我们得知：当销售额一定的情况下，税额的大小和税率的高低相互关系是反方向变化。（　　　）

8. 对营业税纳税人兼有不同税目的应税行为，应分别核算不同税目的营业额。未按不同税目分别核算营业额的，从高适用税率。（　　　）

9. 应税消费品连同包装物销售的，无论包装物是否单独计价以及在会计上如何核算，均应并入应税消费品的销售额中缴纳消费税。（　　　）

10. 无论采用何种销售方式，企业纳税义务发生的时间都是一样的。（　　　）

10.1.3　多项选择题

1. 税务筹划的特点是（　　　）。

A. 合法性　　　　　B. 筹划性　　　　　C. 目的性　　　　　D. 风险性

2. 下列各项中，不能作为业务招待费税前扣除限额计算基数的是（　　　）。

A. 让渡固定资产使用权的收入

B. 因债权人原因确实无法支付的应付款项

C. 转让无形资产所有权的收入

D. 出售固定资产的收入

3. 以下哪些条款属于符合工业企业小型微利企业条件？（　　　）

A. 年度应纳税所得额不超过 30 万　　　B. 从业人数不超过 80 人

C. 从业人数不超过 100 人　　　D. 资产总额不超过 3 000 万元

4. 企业购销活动税务筹划的方法包括（　　　）。

　　A. 销售成本的税务筹划　　　　　　　B. 收入总额的税务筹划

　　C. 进项税额的税务筹划　　　　　　　D. 税前扣除项目的税务筹划

5. 纳税人将自产的应税消费品用于以下哪种途径时，应按同类应税消费品的最高销售价格计税？（　　　）

　　A. 换取生产资料、消费资料　　　　　B. 职工奖励或福利

　　C. 投资入股　　　　　　　　　　　　D. 抵偿债务

6. 以下哪些应税消费品应在生产销售、委托加工和进口环节缴纳消费税？（　　　）

　　A. 金银首饰、钻石及钻石饰品　　　　B. 高档手表

　　C. 香烟　　　　　　　　　　　　　　D. 化妆品

7. 以下哪些项目属于加计扣除税收优惠政策？（　　　）

　　A. 业务招待费支出

　　B. 开发新技术、新产品发生的研究开发费用，未形成无形资产计入当期损益的

　　C. 研究开发费用，形成无形资产的

　　D. 企业安置残疾人员所支付的工资

8. 对于我国境内的单位和个人提供的哪些运输劳务免征营业税？（　　　）

　　A. 在境内载运旅客或者货物出境　　　B. 在境外载运旅客或者货物入境

　　C. 在境内发生载运旅客或者货物的行为　　D. 在境外发生载运旅客或者货物的行为

9. 下列关于纳税义务发生时间的表述中正确的是（　　　）。

　　A. 采用预收货款方式销售货物的，其纳税义务发生时间为收到货物的当天

　　B. 采用预收货款方式销售货物的，其纳税义务发生时间为合同约定收款日期的当天

　　C. 采用预收货款方式销售货物的，其纳税义务发生时间为货物发出的当天

　　D. 采用预收货款方式销售货物的，其纳税义务发生时间为全部价款收到的当天

10. 以下关于权益资本筹资的说法正确的是（　　　）。

　　A. 权益资本筹资使用期限长

　　B. 权益资本筹资无固定利息负担

　　C. 权益资本筹资风险小

　　D. 权益资本的成本是股息，可以在税前列支

10.1.4　业务分析题

1. 某化妆品公司，既生产化妆品，又生产护肤护发品。2012 年销售化妆品 + 护肤品礼品套盒共计 9 000 万元，其中化妆品 6 000 万元，护肤品 3 000 万元。如果企业将产品成套销售，应交消费税为 9 000 × 30% = 2 700 万元。该公司经税务筹划实行先销售后包装的方法，试分析纳税筹划对公司的影响。

2. 某商品批发公司，2012 年应纳增值税销售额 300 万元，会计核算制度健全，符合一般纳税人认定条件，适用 17% 增值税率，但该企业准予从销项税额中抵扣的进项税额较少，只占销项税额的 10%。在这种情况下，企业当年应纳增值税额为：

$$300 \times 17\% - 300 \times 17\% \times 10\% = 45.9 \text{ 万元}$$

公司经过纳税筹划，将公司分设为两个批发企业，各自作为独立核算单位，分立后两个单位年应税销售额分别为 160 万元和 140 万元，符合小规模纳税人的条件，可适用 3% 征收率。

分析：经过纳税筹划以后，可较一般纳税人减轻多少税负。

3. 某大型商场（增值税一般纳税人）因扩大业务的需要，开始经营融资租赁业务（未经中国人民银行批准），主要是融资租赁大型冷藏冷冻设备。一新建冷藏厂因经营需要需配置一批设备。商场按照冷藏厂要求的价格、数量、性能、规格购置了该批设备。已知增值税专用发票上注明的价款为 1 000 万元，增值税税额为 170 万元，预计该批设备可以使用 10 年，当地适用的城市维护建设税税率为 7%，教育费附加 3%。两家企业经过研究讨论，制定以下两种方案。

方案 1：租赁期为 10 年，租赁期满后，设备所有权归冷藏厂，租金为每年 180 万元，总共 1 800 万元。

方案 2：租赁期为 8 年，租赁期满后，设备所有权归商场所有，租金为每年 200 万元，总共 1 600 万元，假定期满后设备的市场价值为 200 万元。

分析哪种方案最优。

项目 11　企业纳税检查与账务调整

11.1　纳税检查与账项调整基本知识训练

11.1.1　单项选择题

1. 税务机关在纳税检查构成要件中属于（　　）。
   A. 主体　　　　　　　B. 对象　　　　　　C. 客体　　　　　　D. 要件

2. 对于自产产品用于管理部门的销售额和销项税额的检查，下列说法正确的是（　　）。
   A. 应作销售记录，不需计提销项税额
   B. 应作销售记录，并计提销项税额
   C. 不作销售记录，应计提销项税额
   D. 不作销售记录，亦不作计提销项税额

3. 对会计核算不健全的小规模纳税人可通过（　　）审查其实际销售额。
   A. 审查销售收入账户
   B. 专用发票异地协查法
   C. 核查其进货、库存商品清单和发货记录来推算
   D. 税负率分析法

4. 在税务检查中如果发现会计分录"借：应收账款　贷：库存商品 其他应付款"，则最有可能是（　　）。
   A. 纳税人以产成品抵偿债务
   B. 纳税人隐瞒经营收入
   C. 纳税人存在账外经营行为
   D. 纳税人销售价格明显偏低，且无正当理由

5. 税务人员在税务检查中发现某公司 3 月份第 4 号凭证的会计分录为"借：在建工程 5 000　贷：库存商品 5 000"。经查，结转的产成品金额为实际生产成本，则可能的正确会计分录为（　　）。
   A. 借：在建工程　　　　　　　　　　　　　　　　　　　5 000
   　　　贷：主营业务收入　　　　　　　　　　　　　　　　　5 000
   B. 借：在建工程　　　　　　　　　　　　　　　　　　　5 835
   　　　贷：库存商品　　　　　　　　　　　　　　　　　　5 000
   　　　　　应交税费——应交增值税（销项税额）　　　　　　835
   C. 借：在建工程　　　　　　　　　　　　　　　　　　　5 935
   　　　贷：库存商品　　　　　　　　　　　　　　　　　　5 000

$\qquad$应交税费——应交增值税（销项税额）$\qquad$935

D. 借：在建工程$\qquad$6 435

$\qquad$贷：主营业务收入$\qquad$5 500

$\qquad$应交税费——应交增值税（销项税额）$\qquad$935

6. 某市食品加工厂（一般纳税人）生产生熟肉制品，在对其检查时，发现该厂2月份第30号凭证会计分录为"借：其他应收款5 600 贷：库存商品——香肠5 600"，凭证下附有该厂全体职工签名册。经核实，为春节期间向职工优惠销售香肠。下列说法正确的是（ ）。

A. 该厂的行为属偷税行为，应将"库存商品——香肠"调整为"主营业务收入——香肠"

B. 该厂的行为属偷税行为，应按规定视同销售，计提销项税额

C. 该厂的行为不属于偷税行为，属于正常的集体福利支出

D. 该厂的行为不属于偷税行为，但应按本月香肠实际生产成本计算扣减外购原料的进项税额

7. 在对某商场进行日常检查时，发现该商场销售空调，并提供安装服务，8月份空调销售额为50万元（不含税），收取的安装费为5万元，另外该商场还新开了一个音乐休闲茶座，未领取营业执照但单独核算。该商场计征流转税的方法是（ ）。

A. 空调销售额应缴纳增值税，但安装费、茶座收入缴纳营业税

B. 空调销售额、安装费应缴纳增值税，但茶座收入应缴纳营业税

C. 全部收入均应缴纳增值税

D. 全部收入均应缴纳营业税

8. 纳税人采取直接收款方式销售应税消费品，货款已收到，货物未发出，但提货单已交购买方，其正确的会计分录为（ ）。

A. 借：库存现金

$\qquad$贷：库存商品

B. 借：库存现金

$\qquad$贷：主营业务收入

C. 借：库存现金

$\qquad$贷：主营业务收入

$\qquad$应交税费——应交增值税（销项税额）

D. 借：库存现金

$\qquad$贷：主营业务收入

$\qquad$应交税费——应交增值税（销项税额）

$\quad$借：主营业务税金及附加

$\qquad$贷：应交税费——应交消费税

9. 税务人员在税务稽查中发现，甲炼油厂运输车间领用汽油时的会计分录为"借：生产成本——辅助生产成本（运输车间）贷：库存商品——汽油"，则该企业（ ）。

A. 少计了增值税

B. 既少计了增值税，又少计了消费税

C. 应将"库存商品——汽油"改为"主营业务收入——汽油"

D. 处理正确

10. 纳税人以应税消费品抵债，其计税价格是（　　　）。

    A. 当月同类消费品加权平均价格

    B. 材料成本×（1＋成本利润率）

    C. 材料成本×（1＋成本利润率）＋消费税

    D. 同类消费品最高销售价格

11. 报废的固定资产应通过（　　　）科目核算。

    A. 待处理财产损溢   B. 固定资产清理

    C. 在建工程   D. 营业外支出

12. 某企业为增值税一般纳税人，购进原材料一批，不含税价 120 000 元，增值税 20 400 元，运输过程中的保险费 800 元，入库前的挑选整理费 300 元，采购过程业务招待费 1 000 元，该批原材料的采购成本为（　　　）。

    A.141 500 元   B.121 100 元   C.122 100 元   D.120 800 元

13. 下列各项中，应计入"坏账准备"科目贷方的有（　　　）。

    A. 收回过去已确认并转销的坏账   B. 已发生的坏账

    C. 确实无法支付的应付账款   D. 转销的坏账损失

14. 下列项目不属于其他业务支出的是（　　　）。

    A. 其他业务耗用原材料   B. 其他业务应计的税金

    C. 转让无形资产的成本   D. 固定资产清理净支出

14. 某建材商场本月销售建材材料，另外兼营零星安装工程，且未分开核算材料销售和安装工程收入，本月共计购进材料 100 万元（不含税），另购进安装工程用材料 20 万元（不含税），则本月进项税额为（　　　）万元。

    A. 20.4   B. 17   C. 7.2   D. 4.8

15. 某电视机厂（一般纳税人）销售给某商场 100 台电视，不含税单价为 2 300 元/台，已开具专用发票，双方议定送货上门，商场支付运费 1 500 元（开具普通发票）。当月该企业可以抵扣的进项税额为 3 400 元。该企业应纳增值税是（　　　）元。

    A. 35 955   B. 35 917.95   C. 35 700   D. 4 127.95

16. 税务机关进行税务稽查，在法律上具有（　　　）。

    A. 独立性   B. 规范性   C. 强制性   D. 同一性

17. 专项稽查是指对（　　　）纳税人进行的重点稽查。

    A. 个别   B. 单一   C. 某类   D. 某个

18. 税务案件的查处，原则上应当由（　　　）负责。

    A. 案发地税务机关   B. 被查对象所在地税务机关

    C. 上级税务机关   D. 上级税务机关指定的税务机关

19. 税务稽查中需要证人作证时，应当事先了解证人和当事人之间的利害关系与对案情的明了程度，并告知其（　　　）。

    A. 当事人的税收违法事实   B. 税务检查的一般程序

    C. 不如实提供情况应承担的法律责任   D. 证言材料的写作要求

20. 对被查对象认为应当回避的，稽查人员是否回避，由（   ）审定。

   A. 上级税务机关的稽查局长　　　　　B. 检查小组负责人

   C. 本级税务机关的局长　　　　　　　D. 市级税务机关的局长

21. 某工业企业被主管税务机关审查，将转让无形资产收入少缴的营业税 50 000 元、城市维护建设税 3 500 元、教育费附加 1 500 元及滞纳金 1 000 元，企业未计提，直接补缴入库后作如下分录：

   借：营业税金及附加　　　　　　　　　　　　　　　　　　　　55 000

   　　管理费用——其他　　　　　　　　　　　　　　　　　　　1 000

   　　　贷：银行存款　　　　　　　　　　　　　　　　　　　　56 000

   注册税务师审核后，认为不妥，则企业业务发生时正确的会计分录为（   ）。

   A. 借：营业税金及附加　　　　　　　　　　　　　　　　　　55 000

   　　　管理费用——其他　　　　　　　　　　　　　　　　　1 000

   　　　　贷：银行存款　　　　　　　　　　　　　　　　　　56 000

   B. 借：营业外支出——税收滞纳金　　　　　　　　　　　　1 000

   　　　贷：管理费用——其他　　　　　　　　　　　　　　1000

   C. 借：营业税金及附加　　　　　　　　　　　　　　　　　55 000

   　　　贷：应交税费——应交营业税　　　　　　　　　　　50 000

   　　　　　应交税费——应交城市维护建设税　　　　　　3 500

   　　　　　应交税费——应交教育费附加　　　　　　　　1 500

   　　借：应交税费——应交营业税　　　　　　　　　　　　50 000

   　　　　应交税费——应交城市维护建设税　　　　　　　3 500

   　　　　应交税费——应交教育费附加　　　　　　　　　1 500

   　　　　营业外支出——税收滞纳金　　　　　　　　　　1 000

   　　　　贷：银行存款　　　　　　　　　　　　　　　　56 000

   D. 借：营业外支出——税收滞纳金罚款　　　　　　　　　56 000

   　　　贷：营业税金及附加　　　　　　　　　　　　　　55 000

   　　　　　管理费用——其他　　　　　　　　　　　　　1 000

22. 某增值税一般纳税人为尽快收回货款，采用折扣方式销售货物，其发生的现金折扣金额处理正确的是（   ）。

   A. 冲减销售收入，但不减少当期销项税额

   B. 冲减销售收入，同时减少当期销项税额

   C. 增加销售费用，减少当期销项税额

   D. 全部计入财务费用，不能减少当期销项税额

23. 下列说法中正确的表述是（   ）。

   A. 收取的一年以上不再退还的应税消费品包装物押金不征消费税

   B. 销售金银首饰，其包装物只要能分别核算，不征消费税

   C. 收取啤酒押金时间超过一年不再退还的，应征收消费税

   D. 白酒的包装物押金无论如何核算都应征收消费税

24. （   ）的行政处罚，只能由法律设定。

    A. 警告   B. 罚款   C. 责令停产停业   D. 行政拘留

25. 税务稽查的对象是（   ）。

    A. 纳税人的经营活动与应税活动

    B. 扣缴义务人的经营活动与应税活动

    C. 纳税人、扣缴义务人的经营活动与应税活动

    D. 纳税人、扣缴义务人

11.1.2　判断正误题

1. 只有纳税人、扣缴义务人履行纳税义务、扣缴义务的情况才能作为税务稽查的客体。（   ）

2. 纳税人为他人代开增值税专用发票，除按税法规定处罚外，还要按代开发票上注明销货金额计入该纳税人的销售账户，计算缴纳增值税，凡未计入销售账户的，按偷税论处。（   ）

3. 固定业户到外县（市）销售货物，如果未持有其机构所在地的税务机关核发的外出经营活动税收管理证明，销售地主管税务机关应按税法规定的税率征收增值税，不得抵扣进项。（   ）

4. 用于修理机器设备的零配件的进项税额，按有关法规规定不得申报扣税。（   ）

5. 小规模纳税人的"主营业务税金及附加"科目只能包含消费税、城市维护建设税、教育费附加等，不得包含应纳增值税。（   ）

6. 根据会计平衡公式的原理，检查时如果发现资产负债表左右两方不平衡，就可判定该企业必然有偷逃税款的情况。（   ）

7. 由于现金流量表是相对独立的一张报表，因此检查时可以不与资产负债表、损益表的检查相结合。（   ）

8. 在检查明细分类账时，重点是检查与税收和利润核算有密切联系的账户。（   ）

9. 检查原材料账户的贷方，分析其有无虚开进项发票、虚抵税款等情况。（   ）

10. 检查产成品账户的借方发生额和红字冲销额，分析其产品销售收入有无不通过销售科目，直接冲减产成品而偷缴税款等情况。（   ）

11. 在检查企业"银行存款日记账"时，应特别注意其有无销售收入或者其他业务收入不入账或只入银行存款日记账而不入总分类账等情况。（   ）

12. 企业采购材料，在材料已到达但发票账单尚未收到的情况下，应在月份终了按暂估价值记入"应付账款"科目。（   ）

13. 采用计划成本法对材料存货进行核算的，会计期末需要通过"材料成本差异"科目，将发出和期末存货调整为实际成本。（   ）

14. 在计算应纳税所得额时，各种赞助支出不得扣除，是指各种非广告性质的赞助支出不得扣除。（   ）

15. 固定资产修理支出达到固定资产原值20%以上，或者经过修理后的资产使用寿命延长2年以上的支出应视为固定资产改良支出。（   ）

11.1.3　多项选择题

1. 税务检查的客体是指（　　　）。
   A. 纳税人
   B. 扣缴义务人
   C. 纳税人履行纳税义务的情况
   D. 扣缴义务人履行扣缴税款义务的情况

2. 核实纳税人有无账外经营收入，可采用下列检查方法中的（　　　）。
   A. 检查纳税人的存货购、销、存情况
   B. 对纳税人生产场所进行考察，如发现当期出库单、订货单所示货物数量远远大于账面记录，说明纳税人有经营收入不入账的问题
   C. 追溯其外购货物的供应商，如掌握的货物供应数量远远大于纳税人的账面购进数量，证明纳税人有账外经营的可能
   D. 如果本期销售收入记录小于本期货币资金的增加额，证明纳税人有账外经营的可能

3. 检查纳税人是否有价外收费或兼营非应税劳务，可检查（　　　）科目的贷方发生额。
   A. 其他应付款　　　B. 其他业务收入　　　C. 营业外收入　　　D. 其他应收款

4. 对纳税人采用"以旧换新"方式销售货物，检查其有无将收回旧货物直接冲减销售额的情况，下列方法正确的是（　　　）。
   A. 检查"主营业务收入"明细账中有否产品（商品）销售价格明显偏低的情况
   B. 检查销售额与旧货作价额是否在同一张发票上注明
   C. 检查纳税人"主营业务成本"明细账的贷方发生额与"原材料""辅助材料"等账户的借方发生额核算内容是否一致
   D. 检查纳税人"主营业务成本"明细账的借方发生额与"库存商品"等账户的贷方发生额核算内容是否一致

5. 对自产应税消费品销售情况进行检查，主要应检查（　　　）。
   A. "主营业务收入"科目贷方发生额　　　B. "库存商品"科目贷方发生额
   C. 盘点表的结存额和仓库数量账　　　D. "生产成本"的贷方发生额

6. 某烟厂生产销售卷烟和烟丝，该厂附设非独立核算车队，检查中应注意（　　　）。
   A. 卷烟和烟丝销售是否分别核算　　　B. 车队运费收入是否分别核算
   C. 车队运费收入是否计提增值税和消费税　D. 车队运费收入应交营业税，不予检查

7. 对外购或委托加工收回的应税消费品连续生产应税消费品的计税依据的检查，应注意（　　　）。
   A. 检查纳税人的"委托加工物资"明细账并与有关记账凭证、原始凭证相核对，看委托加工收回时受托方是否已代收了消费税
   B. 检查"生产成本"明细账，并与"发出材料""原材料"的有关凭证相核对，看委托加工收回或外购的材料是否用于生产应税消费品
   C. 检查外购或委托加工收回的应税消费品的领用数量
   D. 检查"原材料"科目借方发生额，外购应税消费品采购费用不能计算扣除消费税

8. 企业固定资产检查的内容通常是（　　　）。
   A. 固定资产增加的检查
   B. 固定资产减少的检查

    C. 固定资产折旧的检查   D. 固定资产修理的检查

9. 工业企业的在产品成本计算一般采用 （   ）。

    A. 原材料成本法   B. 约当产量法

    C. 定额比例法   D. 额定成本法

10. 税收调整增加的项目一般有 （   ）。

    A. 违法经营的罚款和被没收财物的损失

    B. 赞助支出

    C. 自然灾害或意外事故损失有赔偿的部分

    D. 超过规定限额的业务招待费支出

11. 属于多摊或少摊、多提或少提费用的及多计少计期间费用已确定，应首先调整 （   ）,然后调整成本利润。

    A. 待摊费用   B. 期间费用   C. 制造费用   D. 预提费用

12. 纳税人支付给职工的工资，在计算所得税时，按照计税工资扣除。计税工资包括企业以各种形式支付给职工的 （   ）。

    A. 基本工资   B. 浮动工资   C. 补贴、津贴   D. 奖金

13. 通过对预提费用本期数额与上期数额的比较，可能发现的问题有 （   ）。

    A. 虚增费用   B. 虚减费用   C. 调增利润   D. 调减利润

14. 对应付账款各期数额进行分析比较，如发现数额异常，可能发现的问题有 （   ）。

    A. 将销售收入或应税收入列入应付账款科目，隐瞒收入

    B. 将销售收入或应税收入在统一结算账户核算，隐瞒收入

    C. 虚列购货成本

    D. 虚抵进项税额

15. 在销售价格之外向购货方收取的下列费用，应并入销售额计算纳税的是 （   ）。

    A. 收取的违约金   B. 收取的优质费

    C. 代收的发展基金   D. 收取的包装物押金

16. 行政处罚的种类有 （   ）。

    A. 警告   B. 罚款   C. 责任停产停业   D. 行政拘留

17. 经县以上税务局（分局）局长批准，可以将 （   ）以前年度的账簿、记账凭证、报表和其他有关资料调回税务机关检查。

    A. 纳税人   B. 扣缴义务人   C. 纳税担保人   D. 合伙人

11.1.4   业务分析题

1. 某税务所检查人员在对某工业企业进行检查时，发现该企业将自制产品用做本企业办公用品，所用产品的成本为 3 000 元，不含税售价为 4 000 元，增值税率为 17%，企业账务处理为：

借：管理费用   4 680

    贷：产成品（库存商品）   4 000

        应交税金——应交增值税（销项税额）   680

检查人员认为，企业将自制产品用于非应税项目，应视同销售按其对外销售计算销项税

额，按会计制度规定在结转产品成本时应按成本价，此笔账会计科目运用正确，请分析如何作账务调整分录。

2. 在对某企业进行纳税检查时，发现该企业将现金长款收入 1 000 元计入"资本公积"账户。检查期是在年终结账后进行的。检查人员认为，现金长款收入应计入"营业外收入"账户，该企业适用税率为 25%，故应补交所得税 250 元。请分析如何作账务调整分录。

3. 在对某企业进行纳税检查时，发现该企业某月份将基建工程领用的生产用原材料 30 000 元计入生产成本。由于当期期末既有期末在产品，也有生产完工产品，完工产品当月对外销售一部分，因此，多计入生产成本的 30 000 元，已随企业的生产经营过程分别进入了生产成本、产成品、产品销售成本中。经核实，期末在产品成本为 150 000 元，产成品的成本为 150 000 元，产品销售成本为 300 000 元。请计算各环节的错误数额，并作相应的调账处理。

4. 某工业企业，系增值税一般纳税人，增值税税率为 17%，企业研究新技术的开发费比上年增长 9%。通过审查 2011 年会计报表及有关账证，取得如下资料。

① 企业当年取得销售收入 1 100 万元，其中折扣销售额 5 万元（销售额和折扣额在同一张销售发票上注明）。

② 产品销售成本为 200 万元。

③ 企业期间费用净支出总额 150 万元，其中研究新技术的开发费 20 万元；赞助当地政府的费用 25 万元。

④ 企业当年提取存货跌价准备 35 万元。

⑤ 企业取得国家各种补贴收入 37 万元，其中，对指定专项用途的补贴 10 万元，按有关文件可免征所得税。

⑥ 接受实物捐赠价值（含税）20 万元。

⑦ 逾期未返还的押金 7.02 万元。

该企业是这样计算企业所得税的：应纳税所得额 = 1 100 - 5 - 200 - 150 - 20 × 50% - 35 + 37 = 737 万元；应纳所得税额 = 737 × 33% = 243.21 万元。

请根据上述资料，分析企业计算的所得税是否正确。如不正确，请逐项分析并计算该企业 2011 年度应纳的企业所得税。

实训附件

项目 2   实训附件

附件 2-1   营业执照（副本）

企业法人营业执照
（副　本）

注　册　号　430001061013195
名　　　称　湖南湘拓电线电缆有限公司
地　　　址　汨罗市新市镇黄金街

法定代表人　王杨胜

注 册 资 本　　人民币5 000万元

企 业 类 型　有限责任公司　　（法人）

经 营 范 围　机电产品的生产销售、技术咨
　　　　　　询服务

营 业 期 限　自2012年06月29日
　　　　　　至2042年06月29日

成 立 日 期　2012年06月29日

企业法人年检情况

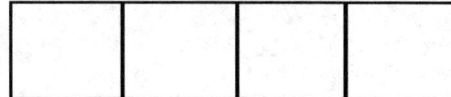

登记机关

中华人民共和国
工商行政管理局监制
2012 年 06 月 29 日

附件 2-2   组织机构代码证

附件 2-3 投资协议书

协议书

为寻求合作发展，经充分协商，一致同意共同出资设立湘拓电线电缆有限公司，三方依据《中华人民共和国公司法》等有关法律法规，签订如下协议，作为发起行为的规范，以资共同遵守。

第一，公司概况。申请设立的有限责任公司名称拟定为"湖南湘拓电线电缆有限公司"，并有不同字号的备选名称若干，最终以公司登记机关核准的为准。

公司住所拟设在汨罗市新市镇黄金街。组织形式为有限责任公司。

责任承担：三方以各自的出资额为限对新公司承担责任，新公司以其全部资产对新公司的债务承担责任。

第二，经营范围。机电产品的生产销售、技术咨询服务。

第三，注册资本。本公司的注册资本为人民币 5 000 万元整，出资全为货币形式，其中：

王杨胜(附：居民身份证 430602198007011223，家庭住址汨罗市新市镇黄金街)，出资额为 2 500 万元，占注册资本的 50%；

张芳(附：居民身份证 43060319790701234，家庭住址汨罗市新市镇黄金街)，出资额为 1250 万元，占注册资本的 25%；

王亮(附：居民身份证 430604197807010836，家庭住址长沙市树木岭 110 号)，出资额为 1 250 万_元，占注册资本的 25%。

......

王杨胜（签字或盖章）：王杨胜	张芳（签字或盖章）：张芳	王亮（签字或盖章）：王亮
签订地点：汨罗市新市镇黄金街	签订地点：汨罗市新市镇黄金街	签订地点：汨罗市新市镇黄金街
2012 年 4 月 13 日	2012 年 4 月 13 日	2012 年 4 月 13 日

附件 2-4 开户许可证

开户许可证

核准字：X4367001260608　　　　　　编号：4310 - 1318079

经审核，湖南湘拓电线电缆有限公司 符合开户条件，准予开立基本存款账户。

法定代表人（单位负责人）王杨胜　开户银行工行汨罗香樟分理处账号180100112200100888

2012 年 07 月 09 日

附件 2－5 税务登记表

（适用单位纳税人）

填表日期：

纳税人名称			纳税人识别号				
登记注册类型			批准设立机关				
组织机构代码			批准设立证明或文件号				
开业（设立）日期		生产经营期限		证照名称		证照号码	
注册地址				邮政编码		联系电话	
生产经营地址				邮政编码		联系电话	
核算方式	请选择对应项目打"√" □ 独立核算 □ 非独立核算				从业人数	其中外籍人数_____	
单位性质	请选择对应项目打"√" □ 企业 □ 事业单位 □ 社会团体 □ 民办非企业单位 □ 其他						
网站网址				国标行业	□□ □□ □□ □□		
适用会计制度	请选择对应项目打"√"	□ 企业会计制度 □ 金融企业会计制度			□ 小企业会计制度 □ 行政事业单位会计制度		

经营范围		请将法定代表人（负责人）身份证件复印件粘贴在此处				

项目内容 联系人	姓名	身份证件		固定电话	移动电话	电子邮箱
		种类	号码			
法定代表人（负责人）						
财务负责人						
办税人						

税务代理人名称		纳税人识别号		联系电话		电子邮箱	

注册资本或投资总额	币种	金额	币种	金额	币种	金额

投资名称	投资方经济性质	投资比例	证件种类	证件号码	国籍或地址

自然人投资比例		外资投资比例		国有投资比例	
分支机构名称	注册地址		纳税人识别号		

总机构名称		纳税人识别号	
		经营范围	
法定代表人姓名	联系电话	注册地址邮政编码	

代扣代缴、代收代缴税款业务情况	代扣代缴、代收代缴税款业务内容		代扣代缴、代收代缴税种

附报资料：

经办人签章： ___年___月___日	法定代表人（负责人）签章： ___年___月___日	纳税人公章： ___年___月___日

以下由税务机关填写：

纳税人所处街乡			隶属关系	
国税主管税务局		国税主管税务所（课）	是否属于国税、地税共管户	
地税主管税务局		地税主管税务所（课）		

经办人（签章）： 国税经办人：_____ 地税经办人：_____ 受理日期： ____年____月____日	国家税务登记机关 （税务登记专用章）： 批准日期： ____年____月____日 国税主管税务机关：	地方税务登记机关 （税务登记专用章）： 批准日期： ____年____月____日 地税主管税务机关：

国税核发《税务登记证副本》数量：___本 发证日期：___年___月___日
地税核发《税务登记证副本》数量：___本 发证日期：___年___月___日

注：纳税人填写完相关内容后，在相关位置盖上单位公章、法人代表章，然后将《税务登记表》及其他相关材料送交税务登记窗口。

附件2-6 　　　　　　　　　**增值税一般纳税人申请认定表**

纳税人识别号：☐☐☐☐☐☐☐☐☐☐☐☐☐☐☐☐☐☐

企业编码：☐☐☐☐☐☐☐

纳税人名称：　　　　　　　　　　　　　　　　　申请时间：　　年　月　日

联系电话		企业类别	
年度实际销售额或 年度预计销售额	生产货物的销售额		
	加工、修理修配的销售额		
	批发、零售的销售额		
	应税销售额合计		
	固定资产规模		
会计财务 核算情况	专业财务人员人数		
	设置账簿种类		
	能否准确核算进项税、销项税额		
申请核发税务登记证副本数量		经批准核发数量	
主管税务机关意见： （公章） 经办人： 负责人： 　　　　年　　月　　日		上级税务机关： （公章） 经办人： 负责人： 　　　　年　　月　　日	

期限：　　年　　月　　日至　　年　　月　　日

注意：税务机关接到纳税人的申请资料后，制发《税务文书领取通知单》交给纳税人。纳税人凭《税务文书领取通知单》到受理窗口领取《增值税一般纳税人认定通知书》、《增值税一般纳税人资格证书》，并在纳税人持有的《税务登记证》副本的首页盖上"增值税一般纳税人"确认专用章，作为纳税人领取专用发票的依据。

附件 2－7　　　　　　　　　　**纳税人税种登记表**

纳税人识别号：

纳税人名称（盖章）：　　　　　　　　　　法定代表人（负责人）签章：

此表由纳税人根据工商登记的生产经营范围、企业属性及税法的有关规定进行填写，并在相关选项上打"√"。

一、增值税：

类别	1. 销售货物□ 2. 加工　　□ 3. 修理修配□ 4. 其他　　□	货物或 项目名称	主营	
			兼营	
纳税人认定情况		1. 增值税一般纳税人□　　2. 小规模纳税人□　　3. 暂认定增值税一般纳税人□		
经 营 方 式		1. 境内经营货物□　2. 境内加工修理□　3. 自营出口□　4. 间接出口□ 5. 收购出口□　6. 加工出口□		

备注：

二、消费税：

类别	1. 生产　　　□ 2. 委托加工□ 3. 零售　　　□	应税消费品名称	1. 烟□　2. 酒及酒精□　3. 化妆品□　4. 护肤、护发品□ 5. 贵重首饰及珠宝玉石□　6. 鞭炮、烟火□　7. 汽油□ 8. 柴油□　9. 汽车轮胎□　10. 摩托车□　11. 小汽车□
经 营 方 式		1. 境内销售□　2. 委托加工出口□　3. 自营出口□　4. 境内委托加工□	

备注：

三、营业税：

经营项目	主营	
	兼营	

备注：

四、企业所得税、外商投资企业和外国企业所得税：

法定或申请纳税方式	1. 按实纳税□　2. 核定利润率计算纳税□　3. 按经费支出换算收入计算纳税□ 4. 按佣金率换算收入纳税□　5. 航空、海运企业纳税方式□　6. 其他纳税方式□

非生产性收入占总收入的比例（%）

备注：季度预缴方式：1. 按上年度四分之一□ 2. 按每季度实际所得□

五、其他税：

注：①以上内容纳税人必须如实填写，如内容发生变化，应及时办理变更登记。
　　②纳税人应在领取税务登记证副本后和申报纳税机关，到主管税务机关的征收管理科，办理申请税种认定登记。

纳税人税种登记表（附表）

征收项目代码	征收品目		预算科目	申报期限（天）	纳税期限	征收项目分类	征缴方式	级次分配比例		是否单独纳税	征收方式	增值税企业类型	缴款期限（天）
	代码	征收品目						代码	内容				
01 增值税			录入时按系统提示选择	10	□月	□城市 □农村		□1002	中央75% 地市25%	□是 □否		□工业 □商业	10
								□1003	中央75% 县区25%				
02 营业税			录入时按系统提示选择	10	□月 □季	□城市 □农村		1000	中央100%	□是 □否		—	10
03 消费税			录入时按系统提示选择	10	月	□城市 □农村		1000	中央100%	□是 □否		—	10
04 企业所得税			录入时按系统提示选择	15	□季	城市		□9000		□是 □否		—	15
								□1000	中央100%				
05 外商投资企业和外国企业所得税			录入时按系统提示选择	15	□季	城市		□9000		□是 □否		—	15
								□1000	中央100%				
06 个人所得税			录入时按系统提示选择	7	月	□城市 □农村		1000	中央100%	□是 □否		—	7

填表人：　　　审核人：　　　录入员：　　　录入核对：　　　国家税务登记机关（税务登记专用章）：

（此表由税务机关填写）

填表说明：

1. 征收品目：按新的征收品目代码表填写。2. 征缴方式：填"1 一般转账缴款方式"、"2 自核自缴"、"3 预储账户缴税"、"4 支票缴税"、"5 现金缴税"、"6 信用卡缴税"、"7 委托代征"；在此栏中只需填代码。3. 预算科目：企业所得税按预算科目代码填写；在此栏中只需填代码。4. 级次分配比例：如选择9000，需填出各级次的比例。5. 征收方式：填"10 查账征收"、"20 查定征收"、"30 查验征收"、"41 定期定额征收"、"42 定期定额加发票征收"、"43 定期定率征收"、"90 其他征收方式"。6. 本表一式二份，纳税人填写后，交给主管税务机关。税务机关审核填写后退一份给纳税人。

附件 2－8　　　　　　　　　税务登记证（正本）

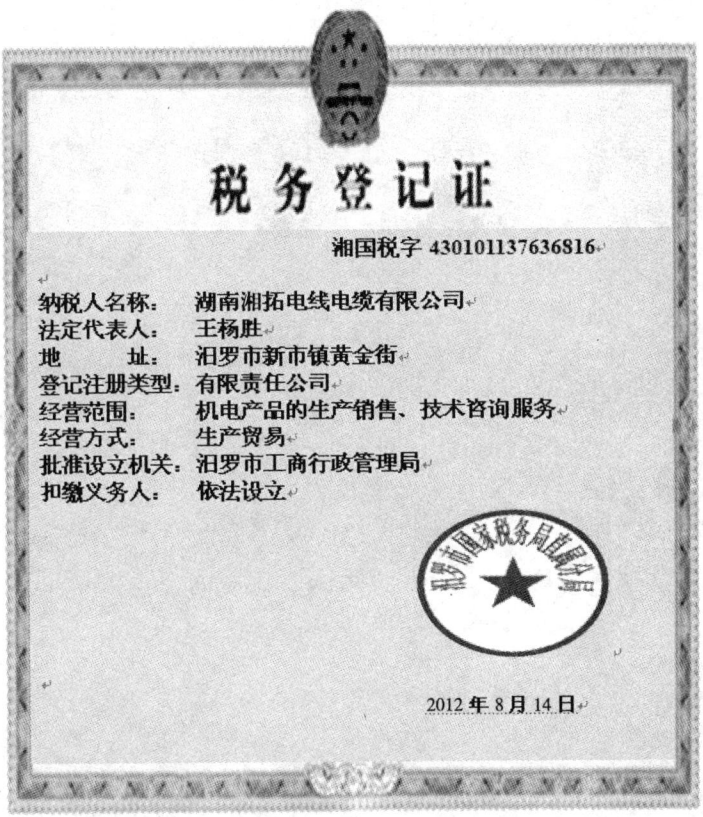

附件 2－9　　　　　　　　　税务登记证（副本）

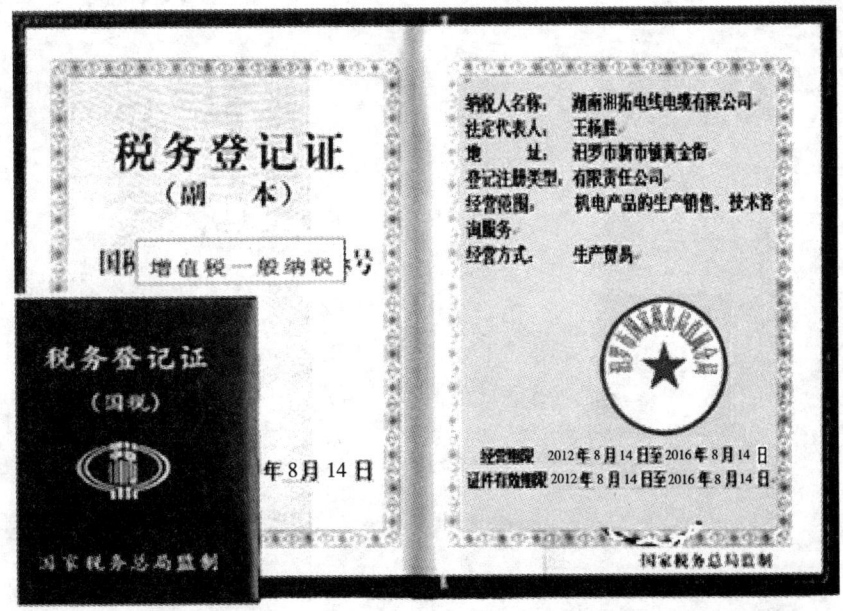

附件 2 -10　　　　　　地税税务登记证（正本）

附件 2 -11　　　　　　地税税务登记证（副本）

附件 2 - 12　　　　　　　　　**湖南湘拓电线电缆有限公司产品销售单**

2012 年 09 月 11 日　　　　　　　单位：元　　　　　N O　000676

<table>
<tr><td rowspan="2">购货单位</td><td>名　称</td><td>武汉华瑞有限责任公司</td><td>纳税人登记号</td><td colspan="2">420104856706081</td></tr>
<tr><td>地址、电话</td><td>武汉市宝丰路18 号，电话027 - 81783572</td><td>开户银行及账号</td><td colspan="2">开户行：建行宝丰分理处
账号：85475608000011892</td></tr>
<tr><td>货物或劳务名称</td><td>规格型号</td><td>计量单位</td><td>数量</td><td>单价（不含税）</td><td>金　额</td></tr>
<tr><td>三相异步电动机</td><td>YC - 2 型号</td><td>台</td><td>150</td><td>568.00</td><td>85 200.00</td></tr>
<tr><td colspan="5">合　　计</td><td>85 200.00</td></tr>
<tr><td>销售方式</td><td colspan="5">赊销，合同约定的收款时间为 2012 年 12 月 02 日</td></tr>
<tr><td colspan="3">销售主管：李华</td><td colspan="3">销售人员：魏强</td></tr>
</table>

附件 2 - 13　　　　　　　　　**开具红字增值税专用发票通知单**

填开日期：2012 年 11 月 6 日　　　　　　　　　　　　　单位：元

NO. 0187

<table>
<tr><td rowspan="2">销售方</td><td>名　称</td><td>湖南湘拓电线电缆有限公司</td><td rowspan="2">购买方</td><td>名　称</td><td>武汉华瑞有限责任公司</td></tr>
<tr><td>税务登记代码</td><td>280602002234678</td><td>税务登记代码</td><td>420104856706081</td></tr>
<tr><td rowspan="3">开具红字发票内容</td><td>货物（劳务）名称</td><td>单价</td><td>数量</td><td>金额</td><td>税额</td></tr>
<tr><td>三相异步电动机（YS - 2 型号）</td><td>450 元/台</td><td>50 台</td><td>22 500.00</td><td>3 825.00</td></tr>
<tr><td>合　　计</td><td></td><td></td><td></td><td></td></tr>
<tr><td rowspan="2">说明</td><td colspan="5">需要作进项税额转出　☑
不需要作进项税额转出□
　　　　纳税人识别号认证不符□
　　　　专用发票代码、号码认证不符□
　　　　对应蓝字专用发票密码区内打印的代码：_____
　　　　　　　　　号码：_____</td></tr>
<tr><td colspan="5">开具红字专用发票理由：
　　20 台 YS - 2 型三相异步电动机无接地线，30 台 YS - 2 型三相异步电动机的绝缘体材料质量不合国标</td></tr>
<tr><td>经办人：刘峨山</td><td colspan="2">负责人：章程</td><td colspan="3">主管税务机关名称（印章）：</td></tr>
</table>

注：①本通知单一式三联：第一联，购买方主管税务机关留存；第二联，购买方送交销售方留存；第三联，购买方留存。

　　②通知单应与申请单一一对应。

　　③销售方应在开具红字专用发票后到主管税务机关进行核销。

附件 2 – 14

成品返修入库单

2012 年 11 月 10 日

交库部门：业务销售处　　　　　　　　　　　　　　　　　　　　产成品库：返修 1 库

产品名称	计量单位	实收数量	单位成本	实际成本	备注
三相异步电动机 （YS – 2 型号）	台	50	409.15	20 457.50	武汉华瑞有限 责任公司退货
合　计		50		20 457.50	

记账：李蓬　　　　主管：汤燕　　　　保管：李文　　　　交库：彭静

附件 2 – 15

普通发票领购簿申请审批表

纳税人识别号：□□□□□□□□□□□□□□.□□□

企业编码：□□□□□□□□

纳税人名称：

发票名称	联次	金额版	文字版	数量	每月用量

申请理由： 申请人签章： 办税人员签章：　　年　月　日	申请人财 务专用章 或发票专 印模用章

以下税务机关填写

发票名称	规格	联次	金额版	文字版	数量	每次限购数量
购票方式				保管方式		

主管税务机关发票管理环节审批意见：

（公章）

负责人：　　　　　　经办人：　　　　　　　　　　　年　月　日

注：① 本表系纳税人初次购票前因经营范围变化等原因，需增减发票种类数量时填写；
　　② 经审批同意后，有关发票内容填写在《普通发票领购簿》中；
　　③ 此表不作为日常领购发票的凭据；
　　④ 此表一式二份，一份纳税人留存，一份税务机关留存。

附件 2-16　　　　　　　　　**领取增值税专用发票领购簿申请书**

_____国家税务局：　　　　企业编码：☐☐☐☐☐☐

我单位已于_____年_____月_____日被认定为增值税一般纳税人。
纳税人识别号：

☐☐☐☐☐☐☐☐☐☐☐☐☐☐☐☐　现申请购买增值税专用发票。

发票名称	发票代码	联次	每次领购最大数量
			本/份
			本/份
			本/份

为做好专用发票的领购工作，我单位特指定_____（身份证号：　　　　　　　　　　　）和
_____（身份证号：　　　　　　　　　　）____位同志为购票员。
我单位将建立健全专用发票管理制度。严格遵守有关专用发票领购、使用、保管的法律和法规。
法定代表人（负责人）（签章）。

　　　　　　　　　　　　　　　　　　　　　　　　　　申请单位（签章）
　　　　　　　　　　　　　　　　　　　　　　　　　　　　年　　月　　日

主管税务机关审核意见：

　　　　　　　　　　　　　　　　　　　　　　　（公章）
　　　　　　　　　　　　　　　　　　　　　　　　年　　月　　日

主管税务机关审核意见：

　　　　　　　　　　　　　　　　　　　　　　　（公章）
　　　　　　　　　　　　　　　　　　　　　　　　年　　月　　日

注：本表一式三份，一份纳税人留存，各级税务机关留存一份。

附件 2-17　　　　　　　　　　　**最高开票限额申请表**

	企业名称		税务登记代码	
申请事项 （由企业填写）	地　　址		联系电话	
	申请最高 开票限额	☐一亿元　　☐一千万元　　☐一百万元 ☐十万元　　☐一万元　　☐一千元		
		经办人（签字）；　　　　　　企业（印章）； 　　年　月　日　　　　　　　　年　月　日		
区县级税务 机关意见	批准最高开票限额： 经办人（签字）　　　批准人（签字）；　　税务机关（印章） 　年　月　日　　　　年　月　日　　　　　年　月　日			
地市级税务 机关意见	批准最高开票限额： 经办人（签字）　　　批准人（签字）；　　税务机关（印章） 　年　月　日　　　　年　月　日　　　　　年　月　日			
省级税务 机关意见	批准最高开票限额： 经办人（签字）　　　批准人（签字）；　　税务机关（印章） 　年　月　日　　　　年　月　日　　　　　年　月　日			

注：本申请表一式两联，第一联，申请企业留存；第二联，区县级税务机关留存。

附件 2 – 18

4300102170

增值税专用发票

湖南增值税专用发票

此联不作报销、扣税凭证使用

No 00120572

开票日期：

购货单位	名　　　称： 纳税人识别号： 地　址、电话： 开户行及账号：					密码区	215—1 ＜42 ＞1 ＞ 3 ＜2236 ＝124 – 83 ＞ – ×24 ＝241	加密版本：01 4300102170 00120572
货物或应税劳务名称	规格型号	单位	数量	单价	金额		税率	税额
价税合计（大写）	⊗						（小写）	
销货单位	名　　　称： 纳税人识别号： 地　址、电话： 开户行及账号：				备注			

收款人：　　　　复核：　　　　开票人：　　　　销货单位（章）

第一联 记账联 销货方记账凭证

附件 2 – 19

4300102180

增值税专用发票（用于开红字发票）

湖南增值税专用发票

此联不作报销、扣税凭证使用

No 00120581

开票日期：

购货单位	名　　　称： 纳税人识别号： 地　址、电话： 开户行及账号：					密码区	215—1 ＜42 ＞1 ＞ 3 ＜2236 ＝124 – 83 ＞ – ×24 ＝241	加密版本：01 4300102170 00120572
货物或应税劳务名称	规格型号	单位	数量	单价	金额		税率	税额
价税合计（大写）	⊗						（小写）	
销货单位	名　　　称： 纳税人识别号： 地　址、电话： 开户行及账号：				备注			

收款人：　　　　复核：　　　　开票人：　　　　销货单位（章）

第一联 记账联 销货方记账凭证

项目3 实训附件

一、一般纳税人增值税技能实训附件

【业务1】

附件3-1

4300033145

湖南增值税专用发票 No 05000487

抵扣联

开票日期：2012 年 05 月 2 日

购货单位	名　　　　称：	湘江有限责任公司					216—2 < -12 > > 加密版本：01	
	纳税人识别号：	430602002234678			密码区		3 <33 >241278 = 4300033145	
	地址、电话：	长沙市解放街208 号　0731 - 83133666					-53 > - ×25 =251 05000487	
	开户行及账号：	工行长沙香樟分理处 180100112200100888					216155 - 《2457	

货物或应税劳务名称	规格型号	单位	数量	单价	金额	税率	税额
螺纹钢	¢ 20	吨	15	3 000.00	45 000.00	17%	￥7 650.00
					￥45 000.00		7 650.00

价税合计（大写）	⊗伍万贰仟陆佰伍拾元整	（小写）￥52 650.00

销货单位	名　　　　称：	株洲市物资公司	备注
	纳税人识别号：	430802002268152	
	地址、电话：	株洲市建设路83 号 0731 - 23133895	
	开户行及账号：	工行株洲分行 180100110220002053	

收款人：　　　　　复核：　　　　　开票人：丁一杰　　　　　销货单位（章）

第二联　抵扣联　购货方抵扣凭证

附件3-2

4300033145

湖南增值税专用发票 No 05000487

发票联

开票日期：2012 年 5 月 2 日

购货单位	名　　　　称：	湘江有限责任公司					216—2 < -12 > > 加密版本：01	
	纳税人识别号：	430602002234678			密码区		3 <33 >241278 = 4300033145	
	地址、电话：	长沙市解放街208 号　0731 - 3133666					-53 > - ×25 =251 05000487	
	开户行及账号：	工行长沙香樟分理处 180100112200100888					216155— 《2457	

货物或应税劳务名称	规格型号	单位	数量	单价	金额	税率	税额
螺纹钢	¢ 20	吨	15	3 000.00	45 000.00	17%	￥7 650.00
合　计					￥45 000.00		7 650.00

价税合计（大写）	伍万贰仟陆佰伍拾元整	（小写）￥52 650.00

销货单位	名　　　　称：	株洲市物资公司	备注
	纳税人识别号：	430802002268152	
	地址、电话：	株洲市建设路83 号 0731 - 23133895	
	开户行及账号：	工行株洲分行 180100110220002053	

收款人：　　　　　复核：　　　　　开票人：丁一杰　　　　　销货单位（章）

第三联　发票联　购货方记账凭证

附件 3 – 3

中国工商银行
转账支票存根（东）
VIV 00105455

附加信息 ＿＿＿＿＿＿＿＿＿＿＿
＿＿＿＿＿＿＿＿＿＿＿

出票日期：2012 年 5 月 2 日

| 收款人：株洲市物资公司 |
| 金　额：￥52 650.00 |
| 用　途：付材料款 |

单位主管：　　会计：
复　核　　　记账

附件 3 – 4

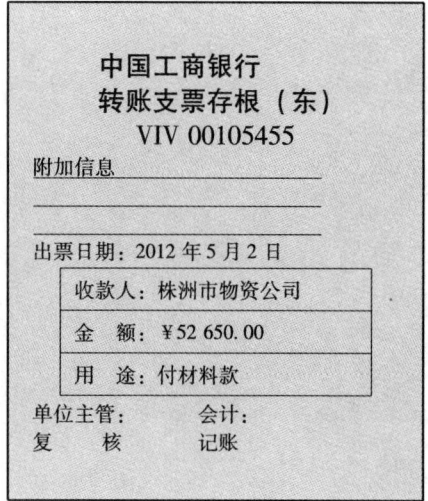

公路、内河货物运输业统一发票

发票代码：237030411102
发票号码：00007897

开票日期　2012 – 05 – 02

机打代码	040111256231	税控码	261 – 1 < – 12 > > 234
机打号码	237030411102		3 < 22 >61246 = 1254
机器编号	00007897456987358654		– 83 > – ×24 =241 = 321
			25483 《556 = 56 + 312
收货人及纳税人识别号	湘江有限责任公司 430602002234678	承运人及纳税人识别号	长沙市路通运公司 4301223965837
发货人及纳税人识别号	株洲市物资公司 430802002268152	主管税务机关及代码	长沙市天心区地税局 10253645

运输项目及金额	货物名称　数量　运费金额 螺纹钢　　15吨　　200 现金付讫	其他项目及金额		备注
运费小计	￥200.00	其他费用小计		￥0.00
合计（大写）	人民币贰佰元整		（小写）￥200.00

湖南长沙路通运输公司
4301223965837
发票专用章

承运人盖章　　　　　　开票人：刘丽

第二联　抵扣联　付款方抵扣凭证　手写无效

附件 3-5

公路、内河货物运输业统一发票

开票日期　2012-05-02

发票代码：237030411102

发票号码：00007897

机打代码	040111256231	税控码	261-1 < -12 > > 234
机打号码	237030411102		3 < 22 > 61246 = 1254
机器编号	00007897456987358654		-83 > - ×24 = 241 = 321
			25483 《556 = 56 + 312

| 收货人及纳税人识别号 | 湘江有限责任公司 430602002234678 | 承运人及纳税人识别号 | 长沙市路通运公司 4301223965837 |
| 发货人及纳税人识别号 | 株洲市物资公司 430802002268152 | 主管税务机关及代码 | 长沙市天心区地税局 10253645 |

现金付讫

| 运输项目及金额 | 货物名称 螺纹钢 | 数量 15 吨 | 运费金额 200 | 其他项目及金额 | | | 备注 |

湖南长沙路通运输公司
4301223965837
发票专用章

| 运费小计 | ￥200.00 | 其他费用小计 | ￥0.00 |
| 合计（大写） | 人民币贰佰元整 | | （小写）￥200.00 |

承运人盖章

开票人：刘丽

附件 3-6

供应单位：株洲市物资公司

收料单

编号：001

发票号码：No05000487

2012 年 5 月 2 日

仓库：3 号仓库

规格	材料名称	编号	数量		实际价格（元）				合 计								
			应收	实收	单位	单价	发票金额	运杂费	千	百	十	万	千	百	十	元	角	分
¢20	螺纹钢	001	15	15	吨	3 510	52 650.00	2 00				5	2	8	5	0	0	0

| 备注 | 验收人盖章 | 赵安康 | 合计￥. 52 850.00 |

采购人：　　　检验员：赵安康　　　记账员：　　　保管员：叶志明

【业务 2】

附件 3 - 7

4300053140　　　　　　　　　**湖南增值税专用发票**　　　　　№00125864

开票日期：2012 年 5 月 2 日

购货单位	名　　称：	湘潭泰山有限责任公司				密码区	2489 - 1 < 9 - 7 - 61596284	加密版本：01
	纳税人识别号：	360801001112248					8 < 032/52 > 9/29533 - 4974	4300053140
	地址、电话：	湘潭市人民路 17 号 073152778086					1626 < 8 - 3024 > 82906 - 2	00125864
	开户行及账号：	工行湘潭分行 150200683322006688					- 47 - 6 < 7 > 2 * - / > * > 6/	

货物或应税劳务名称	规格型号	单位	数量	单价	金额	税率	税额
甲号电机	WJ - 55	台	500	800	400 000.00	17%	68 000.00
合　　计					￥400 000.00		￥68 000.00

价税合计（大写）		肆拾陆万捌仟元整		（小写）￥468 000.00

销货单位	名　　称：	湘江有限责任公司	备注
	纳税人识别号：	430602002234678	
	地址、电话：	长沙市解放街 208 号 0731 - 83133666	
	开户行及账号：	工行长沙香樟分理处 1801001122200100888	

收款人：　　　　　复核：　　　　　开票人：王那杰　　　　　销货单位（章）

第一联：记账联　销货方记账凭证

附件 3 - 8　　　　　　　　　**代垫运费清单**

日期：2012 年 5 月 2 日

单位名称	湘潭泰山有限责任公司	代垫费用项目	运　费
金　额	人民币（大写）壹仟贰佰元整	￥1 200.00	
内容：甲型号电机产品 500 台铁运运费		附单据	
		2 张	
备注			

附件 3 - 9　　　　　　　　　　　　　**湘江有限公司送货单**

购货单位：湘潭泰山公司　　　　　　　　2012 年 05 月 2 日

名称用规格	单位	数量	单价	总售价	客户信息
甲号电机（WJ - 55）	台	500.00	936.00	468 000.00	单位地址：湘潭市人民路 17 号 073152778086
合　计				468 000.00	工行湘潭分行 150200683322006688

会计：赵星　　　业务员：张智　　　复核：黄超　　　发货：王忠　　　制单：黄超

附件 3 - 10

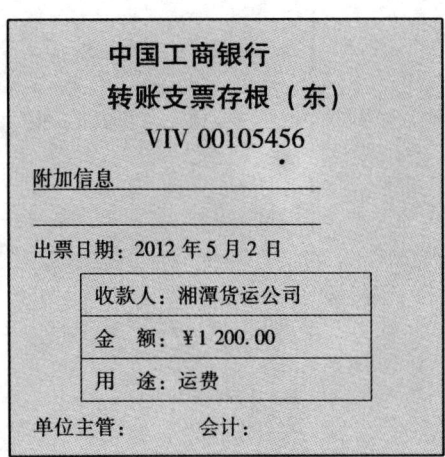

中国工商银行
转账支票存根（东）
VIV 00105456

附加信息

出票日期：2012 年 5 月 2 日

收款人：湘潭货运公司

金　额：￥1 200.00

用　途：运费

单位主管：　　会计：

附件 3－11

异地托收承付 凭证（回单）1

委托日期 2012 年 5 月 3 日   托收号码：2345006

付款人	全　称	湘潭泰山有限责任公司		收款人	全　称	湘江有限责任公司
	账号或地	150200683322006688			账　号	1801001122001100888
	开户银行	工行湘潭分行	行号		开户银行	长沙工行香樟分理处

委托金额	人民币：肆拾陆万玖仟贰佰元整（大写）			千 百 十 万 千 百 十 元 角 分 ¥ 4 6 9 2 0 0 0 0 0

款项内容	货款	委托收款凭据名称	发票合同	附寄单证张数	4

备注：		款项收妥日期　　年　月　日	收款人开户行盖章　　　月　日

工商银行
长沙分行
2012.05.03
转讫

附件 3－12

异地托收承付　结算凭证（收账通知）4

委托日期 2012 年 5 月 3 日   托收号码：2345006

付款人	全　称	湘潭泰山有限责任公司		收款人	全　称	湘江有限责任公司
	账　号	150200683322006688			账　号	1801001122001100888
	开户银行	工行湘潭分行	行号		开户银行	长沙工行香樟分理处

委托金额	人民币：肆拾陆万玖仟贰佰元整（大写）			千 百 十 万 千 百 十 元 角 分 ¥ 4 6 9 2 0 0 0 0 0

款项内容	货款	委托收款凭据名称	发票合同	附寄单证张数	4

备注：铁运 2012－3525		款项收妥日期　2012 年 5 月 16 日	收款人开户行盖章　　　月　日

工商银行
长沙分行
2012.05.03
转讫

【业务3】

附件 3 – 13

4300102430

湖南增值税专用发票

№00120526

开票日期：2012 年 05 月 4 日

购货单位	名　　　称：	湘江有限责任公司			密码区	562 – 686		加密版本：01
	纳税人识别号：	430602002234678				<1 – 4 – 1271		4300102430
	地址、电话：	长沙市解放街 208 号 0731 – 3133666				73 <122@		00120526
	开户行及账号：	工行长沙香樟分理处 180100112200100888				636 <13		
货物或应税劳务名称	规格型号	单位度	数量	单价	金额	税率	税额
电			46 000	1.10	50 600.00	17%	8 602.00
价税合计（大写）	⊗伍万玖仟贰佰零贰元整					（小写）￥59 202.00		
销货单位	名　　　称：	长沙市电业局			备注			
	纳税人识别号：	430164624563302						
	地址、电话：	长沙市白沙路 443 号 073185912222						
	开户行及账号：	建行银行潇湘支行 287636986543						

收款人：　　　复核：　　　开票人：张夏　　　销货单位（章）

第二联　抵扣联　购货方抵扣凭证

附件 3 – 14

4300102430

湖南增值税专用发票

№ 00120526

开票日期：2012 年 05 月 4 日

购货单位	名　　　称：	湘江有限责任公司			密码区	562 – 686		加密版本：01
	纳税人识别号：	430602002234678				<1 – 4 – 1271		4300102430
	地址、电话：	长沙市解放街 208 号 0731 – 3133666				73 <122@		00120526
	开户行及账号：	工行长沙香樟分理处 180100112200100888				636 <13		
货物或应税劳务名称	规格型号	单位度	数量	单价	金额	税率	税额
电			46 000	1.10	50 600.00	17%	8 602.00
价税合计（大写）	⊗伍万玖仟贰佰零贰元整					（小写）￥59 202.00		
销货单位	名　　　称：	长沙市电业局			备注			
	纳税人识别号：	430164624563302						
	地址、电话：	长沙市白沙路 443 号 073185912222						
	开户行及账号：	建行银行潇湘支行 287636986543						

收款人：　　　复核：　　　开票人：张夏　　　销货单位（章）

第三联　发票联　购货方记账凭证

附件 3 – 15

委托收款　凭证　（付款通知）

委托日期　2012 年 5 月 4 日　　　　　　　　　　　　　　　第　号

付款人	全　称	湘江有限责任公司		收款人	全　称	长沙市电业局
	账号或地址	180100112200100888			账号或住址	073185912222
	开户银行	工行长沙香樟分理处	行号		开户银行	建行银行潇湘支行

委托金额	人民币（大写）：伍万玖仟贰佰零贰元整	千	百	十	万	千	百	十	元	角	分
				￥	5	9	2	0	2	0	0

工商银行
长沙分行
2012.05.04
转讫

款项内容	4月份电费	委托收款凭据名称	增值税发票	附寄单证张数	1

备注：　　　　　　　　　款项收妥日期　　　　　　年 月 日　　　　收款人开户行盖章　　月 日

单位主管：　　　会计：　　　复核：　　　记账：　　　付款人开户银行盖章：　　年 月 日

【业务4】

附件 3 – 16

领　料　单

领料部门：基建科　　　　　　用途：四号行政办公楼工程　　　　　　2012 年 5 月 5 日

材料名称	编号	规格	单位	数量		单价（含税）	金额	记账
				请领	实发			
螺纹钢		¢20	吨	10	10	3 510	35 100	

备注：未包含应分摊的运费 150 元	说明：见"关于四号行政办公楼工程施工问题"文件见企字 0013 号
负责人：　章琳　　发料人：叶志明	领料人：张东林

第二联　会计部门记账

【业务5】

附件 3 - 17

发 货 单

购货单位：广州珠江有限公司   2012 年 5 月 8 日   编号：080139405

产品编号	产品名称	规格	单位	数　　量		单价	金　　额								第二联　财会
				请发	实发		十	万	千	百	十	元	角	分	
	乙电机	WL - 53	台	500	500	150		7	5	0	0	0	0	0	
合　　计				500	500		¥	7	5	0	0	0	0	0	

审批：夏文   发货人：李乐   提货人：伍费   制单：赵题

附件 3 - 18

4300094620   **湖南增值税普通发票**   **No 01278638**

效验码 2272 8370 1338 4549   记账联   开票日期：2012 年 5 月 8 日

购货单位	名　　称	广州珠江有限公司		密码区	2562 - 1 < 9 - 4 - 12 = > 3	加密版本：01
	纳税人识别号	44060002824			9 < 2322 > 65586 = 6 <	4300095620
	地址、电话	广州市华南路 100 号 83295008			- 83 > * 5 - × 24 = 24 > 3	01278638
	开户行及账号	建行一支行 212003434				

货物或应税劳务名称	规格型号	单位	数量	单价	金额	税率	税额	第一联　记账联　销货方记账凭证
乙电机	WL - 53	台	500	200	100 000.00	17%	17 000.00	
合　　计					¥ 100 000.00		¥ 17 000.00	

| 价税合计（大写） | ⊗壹拾壹万柒仟元整 | （小写）　¥ 117 000.00 |

销货单位	名　　称	湘江有限责任公司	备注
	纳税人识别号	430602002234678	
	地址、电话	长沙市解放街 208 号 0731 - 3133666	
	开户行及账号	工行长沙香樟分理处 18010011220010 0888	

收款人：   复核：   开票人：王那杰   销货单位（章）

【业务6】

附件 3-19

中国工商银行
转账支票存根（东）
VIV 00105456

附加信息 _____

_____

出票日期：2012 年 5 月 17 日

收款人：长沙市包装用品有限公司	
金　额：￥35 100.00	
用　途：木箱加工费	

单位主管：　　　会计：

附件 3-20

4300102430　　　　　湖南增值税专用发票　　　　No 00120526

开票日期：2012 年 05 月 13 日

购货单位	名　　　称：	湘江有限责任公司					216-2< -12 > >		加密版本：01
	纳税人识别号：	430602002234678				密码区	3 <33 >241278 =		4300022578
	地址、电话：	长沙市解放街 208 号 0731-3133666					-53 > - ×25 = 251		43000362
	开户行及账号：	工行长沙香樟分理处 180100112200100888					216155 - 《2457		

货物或应税劳务名称	规格型号	单位	数量	单价	金额	税率	税额
木箱加工费		只	5 000		30 000.00	17%	5 100.00
					￥30 000.00		￥5 100.00

价税合计（大写）	叁万伍仟壹佰元整	（小写）　￥35 100.00

销货单位	名　　　称：	长沙市包装用品有限公司	备注
	纳税人识别号：	430602002231712	
	地址、电话：	长沙市五一路 32 号 0731-83263137	
	开户行及账号：	工行长沙分行 180100112200200415	

收款人：　　　复核：　　　开票人：李小敏　　　销货单位（章）

第二联　抵扣联　购货方抵扣凭证

附件 3－21

4300022578

湖南增值税专用发票

No 43000362

开票日期：2012 年 5 月 13 日

购货单位	名　　　称：湘江有限责任公司							
	纳税人识别号：430602002234678					216－2＜－12＞＞		加密版本：01
	地　址、电　话：长沙市解放街 208 号 0731－83133666				密码区	3＜33＞241278＝		4300022578
						－53＞－×25＝251		43000362
	开户行及账号：工行长沙香樟分理处 180100112200100888					216155－《2457		

货物或应税劳务名称	规格	单位	数量	单价	金额	税率	税额
木箱加工费		只	5 000		30 000.00	17%	5 100.00
合　　计					¥30 000.00		¥5 100.00

价税合计（大写）　　　叁万伍仟壹佰元整	（小写）　¥35 100.00

销货单位	名　　　称：长沙市包装用品有限公司		
	纳税人识别号：430602002231712	备注	
	地　址、电　话：长沙市五一路 32 号 0731－83263137		
	开户行及账号：工行长沙分行 180100112200200415		

收款人：　　　　复核：　　　　开票人：李小敏　　　　销货单位（章）

第一联 记账联 销货方记账凭证

附件 3－22

收　料　单

材料科目：周转材料

材料类别：包装物

加工单位：长沙市包装用品有限公司　　　　2012 年 5 月 17 日　　　　编号：1101

材料名称	编号	规格	单位	数　量		实际成本			
				应收	实收	材料成本	加工费	运费	合计
木箱	008		只	5 000	5 000	45 000	30 000		75 000

备注：　木箱加工完毕，验收入库

采购员：　　　　检验员：赵安康　　　　记账员：　　　　保管员：王明

第二联 会计部门记账

【业务7】

附件 3－23

长沙市收购统一发票

销售单位（人）陈泽华
2012 年 5 月 17 日
湖 南

销售地点：长沙望城泰山村

00012650421
No 10879865
单位：元

品名规格	单位	数量		单价	金额							备注
		计划	实收		万	千	百	十	元	角	分	
玉米棒	吨	50	50	950	4	7	5	0	0	0	0	
合　计					4	7	5	0	0	0	0	

货款合计 人民币（大写）	肆万柒仟伍佰零拾零角零分
收款人 身份证号码	陈泽华 440125195702230013
合计人民币 （大写）	肆万柒仟伍佰零拾零角零分

430602
002234678
发票专用章

附件 3－24

加工部收料单

材料科目：材料
材料类别：原料（玉米棒）
供应单位：陈泽华

编号：002
收料仓库：3 号仓库
发票号码：10879865

2012 年 5 月 18 日

编号	材料名称	规格	计量单位	数　量		实际价格		计划价格	
				应收	实收	单价	发票金额	单价	金额
002	玉米棒		吨	50	50	826.50	41 325		

备　注	向种粮大户购入包谷

采购员：	检验员：廖娟	记账员：	保管员：王易

附件 3 – 25

中国工商银行
现金支票存根
BB：20100113469

附加信息 _____

出票日期：2012 年 5 月 18 日

收款人：本单位	
金　额：47 500.00	
用　途：陈泽华包谷棒款	

单位主管：　　　会计：赵星

【业务8】

附件 3 – 26

湖南增值税专用发票

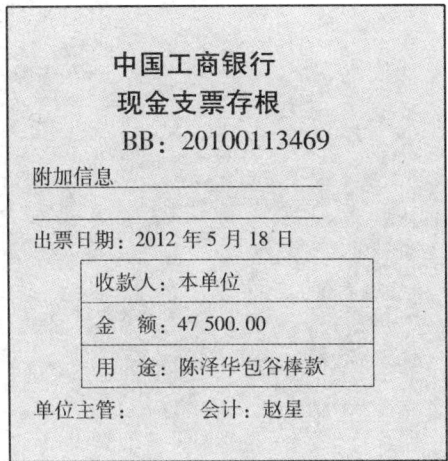

4300033141

No43000002

开票日期：2012 年 5 月 16 日

购货单位	名　　称：	长沙大东有限责任公司				密码区	216 – 2 < – 12 > >	加密版本：01
	纳税人识别号：	260801001692754					3 < 33 > 241278 =	4300033141
	地址、电话：	长沙市工业园 8 号 0316 – 3105690					– 53 > – × 25 = 251	43000002
	开户行及账号：	工行长沙分行 1800208062600369378					216155 – 《2457	

货物或应税劳务名称	规格型号	单位	数量	单价	金额	税率	税额
铜　材		千克	1 000	55.00	55 000.00	17%	9 350.00
合　　计					￥55 000.00		￥9 350.00

价税合计（大写）	陆万肆仟叁佰伍拾元整		（小写）￥64 350.00

销货单位	名　　称：	湘江有限责任公司	备注
	纳税人识别号：	430602002234678	
	地址、电话：	长沙市解放街 208 号 0731 – 83133666	
	开户行及账号：	工行长沙香樟分理处 180100112200100888	

收款人：　　　　　复核：　　　　　开票人：王那杰　　　　　销货单位（章）

第一联　记账联　销货方记账凭证

· 137 ·

附件 3 - 27

中国工商银行进账单（收账通知）1

2012 年 5 月 18 日   第　号

付款人	全　称	长沙大东有限责任公司	收款人	全　称	湘江有限责任公司
	账号或地	180208062600369378		账号或住址	18010011022001008 888
	开户银行	工行长沙分行		开户银行	长沙工行香樟分理处

金　额	人民币：陆万肆仟叁佰伍拾元整（大写）	千 百 十 万 千 百 十 元 角 分 ¥ 6 4 3 5 0 0 0

工商银行
长沙分行
2012.05.18
转讫

票据种类	转账支票
票据张数	1 张

收款人开户行盖章

单位主管：　　会计：　　复核：　　记账：

【业务 9】

附件 3 - 28

湖南增值税专用发票

4304000256

№00540002

开票日期：2012 年 5 月 23 日

购货单位	名　　称	湘江有限责任公司	密码区	（略）
	纳税人识别号	430602002234678		
	地址、电话	长沙市解放街 208 号 0731 - 83133666		
	开户行及账号	工行长沙香樟分理处 1801001122001008 88		

货物或应税劳务名称	规格型号	单位	数量	单价	金额	税率	税额
蒸锅 JY - 1（红外探头）		台	1	50 000.00	50 000.00	17%	8 500.00
合　　计					¥ 50 000.00		¥ 8 500.00

价税合计（大写）	伍万捌仟伍佰元整	（小写）¥ 58 500.00

销货单位	名　　称：	长沙市粮食机械有限公司	备注
	纳税人识别号：	430801001118888	
	地址、电话：	长沙市曙光路 15 号 0731 - 83133888	
	开户行及账号：	工行长沙支行 1801001102200056 66	

长沙市粮食机械有限公司
430801
001118888
发票专用章

收款人：　　　复核：　　　开票人：卢欣　　　销货单位（章）

第二联　抵扣联　购货方扣税凭证

附件 3－29

湖南增值税专用发票

4304000256

№00540002

开票日期：2012 年 5 月 23 日

<table>
<tr><td rowspan="4">购货单位</td><td>名　　称：湘江有限责任公司</td><td rowspan="4">密码区</td><td rowspan="4">（略）</td><td rowspan="4">（略）</td></tr>
<tr><td>纳税人识别号：430602002234678</td></tr>
<tr><td>地　址、电话：长沙市解放街 208 号 0731－83133666</td></tr>
<tr><td>开户行及账号：工行长沙香樟分理处 180100112200100888</td></tr>
<tr><td>货物或应税劳务名称</td><td>规格</td><td>单位</td><td>数量</td><td>单价</td><td>金额</td><td>税率</td><td>税额</td></tr>
<tr><td>蒸锅 JY－1（红外探头）</td><td></td><td>台</td><td>1</td><td>50 000.00</td><td>50 000.00</td><td>17%</td><td>8 500.00</td></tr>
<tr><td>合　　计</td><td></td><td></td><td></td><td></td><td>￥50 000.00</td><td></td><td>￥8 500.00</td></tr>
</table>

价税合计（大写）	伍万捌仟伍佰元整	（小写）￥58 500.00

<table>
<tr><td rowspan="4">销货单位</td><td>名　　称：长沙市粮食机械有限公司</td><td rowspan="4">备注</td></tr>
<tr><td>纳税人识别号：430801001118888</td></tr>
<tr><td>地　址、电话：长沙市曙光路 15 号 0731－83133888</td></tr>
<tr><td>开户行及账号：工行长沙支行 180100110220005666</td></tr>
</table>

收款人：　　　　　复核：　　　　　开票人：卢欣　　　　　销货单位（章）

第三联　发票联　购货方记账凭证

附件 3－30

固定资产入库单

收货单位：湘江有限责任公司　　　　　2012 年 5 月 25 日　　　　　编号：0601

类别	编号	资产名称	数量	原值	月摊销额	使用年限	累计已摊销额	净值	所在地	入账原因
机器	0601	蒸锅 JY－1（红外探头）	1	50 000	833.33	5 年	0	50 000	旺望加工部	购入

附件 3 - 31

中国建设银行
转账支票存根（东）
XII 00106466

科　　目＿＿＿＿＿＿＿＿＿＿
对方科目＿＿＿＿＿＿＿＿＿＿

出票日期：2012 年 5 月 25 日

| 收款人：长沙市粮食机械有限公司 |
| 金　　额：￥58 500.00 |
| 用　　途：付购入蒸锅款 |

单位主管：　　　会计：
复　核：　　　记账：

【业务 10】

附件 3 - 32

商品出库单

产品名称：旺望牌膨化饼干　　　　　　　　　　　　　　　　　　编号：005
产品类别：　　　　　　　　　　　　　　　　　　　　　　　　仓库：成品出库
购货单位：工会　　　　　　　2012 年 5 月 26 日　　　　　　字第 372 号

品名	规模	计量单位	数量	单位成本	总成本	备注
膨化饼干	20×500 包	箱	20	500	10 000	发放职工福利；对外销售单价为每箱1 000元
合计			20	500	10 000	

部门负责任：[陆兰]　　　领料人：[张俊]　　　会计：　　　发货人：[刘玲]

附件 3－33

湘江有限责任公司内部使用（销售）专用凭证

使用部门：工会　　　　　　　　　　记　账　联　　　　　　　　2012 年 5 月 26 日填发

名称	规格	单位	数量	单价	金　额									备注
---	---	---	---	---	百	十	万	千	百	十	元	角	分	成本为每箱
膨化饼干	20×500 包	箱	20	1 000	¥	2	0	0	0	0	0	0	0	500 元，对外销售价格为 1 000 元
合计：（人民币）大写贰万元整					¥	2	0	0	0	0	0	0	0	

董事长	意见：同意	总经理	意见	意见	财务经理	意见：
签章		签章	同意		签章	同意

【业务11】

附件 3－34

商品出库单

产品名称：甲号电机　　　　　　　　　　　　　　　　　　　　编号：005
产品类别：　　　　　　　　　　　　　　　　　　　　　　　　仓库：成品出库
购货单位：长沙市红星博览会主办中心　　2012 年 5 月 27 日　　字第 375 号

品名	型号	计量单位	数量	单位成本	总成本	备注
甲号电机	WJ－55	台	50	500	25 000	捐赠给红星博览会主办中心；对外销售单价为每箱1 000元
合计			50		25 000	

部门负责人：王海亮　　　领料人：张柳　　　会计：　　　发货人：王丽

附件 3－35

商品捐赠合同

甲方：湘江有限责任公司
乙方：红星博览会主办中心
　　经甲乙双方友好协商，就甲方向乙方无偿捐赠商品事宜达成如下协议：
　　甲方于 2012 年 5 月 27 日向乙方无偿捐甲号电机（WJ－55）计 50 台，共计人民币伍万元整（￥50 000.00）
　　1. 乙方支付运输费等相关其他费用。
　　2. 甲方捐赠给乙方的商品不得用于销售。
　　3. 甲方必须保证商品能达到可使用状态。
本合同一式两份，甲乙双方各持一份，如有异议，另行签订补充协议，补充协议与本合同具有同等法律效力。

甲方（盖章）：黄河有限责任公司
法定代表（签字）：郭朝阳
日期：2012 年 5 月 27 日

乙方：红星博览会主办中心
法定代表：胡一枚
日期：2012 年 5 月 27 日

【业务12】

附件 3－36

附件 3－37

湖南康星连锁百货有限公司货物销售发票

发票号码：00043920

客户：黄河有限责任公司　　　　　　2012 年 5 月 27 日　地址：湘潭市雨湖区 385 号

货 号	品 名	规格	单位	数量	单价	金　额					
						千	百	十	元	角	分
	公文包		只	1	540.00		5	4	0	0	0
合计金额（大写）零仟伍佰肆拾						￥	5	4	0	0	0

超过万元无效

现金付讫

| 结算方式 | 现金 | 开户银行 | | 备注：同意作管理费用报销 |
| | | 账 号 | | |

开票人：田双双　　收款人：叶玲　　验收人：付军　　销货单位章

②付款凭证

【业务13】

附件 3－38

材料盘点溢（缺）报告单

部门（库号）：2 号　　　　　　2012 年 05 月 30 日

材料名称	编号	规格	单位	数　量		损失数量	金　额	损失原因
				账面数	实有数			
圆　钢		32#	kg	5 000	4 000	1 000	50 200	管理问题意外损耗
进项税额			元				8 534	
合　计							58 734	

审批意见：保管员王宁赔损失的40%，其余列于企业损失

部门主管：陈洛凡　　　会计：刘佳　　　保管人：王宁　　　复核人：王新

第二联　会计部门记账

149

【业务 14】

附件 3-39

开具红字增值税专用发票通知单

（说明：财务部门收到通知单日期为 5 月 30 日）

填开日期：2012 年 5 月 24 日　　　　　　　　　　　　　　　　单位：元　　NO.0187

销售方	名　称	湘江有限责任公司	购买方	名　称	武汉华瑞有限责任公司
	税务登记代码	430602002234678		税务登记代码	420104856706081

开具红字发票内容	货物（劳务）名称	单价	数量	金额	税额
	三相异步电动机（YS-2 型号）合计	450 元/台	50 台	22 500.00	3 825.00

说明	需要作进项税额转出 ☑ 不需要作进项税额转出□ 　　纳税人识别号认证不符□ 　　专用发票代码、号码认证不符□ 　　对应蓝字专用发票密码区内打印的代码：_____ 　　　　　　　　　　　　　　　号码：_____ 开具红字专用发票理由： 　　20 台 YS-2 型三相异步电动机无接地线，30 台 YS-2 型三相异步电动机的绝缘体材料质量不合国标。

经办人：刘峨山　　　负责人：章程　　　主管税务机关名称（印章）：_____

注：1. 本通知单一式三联：第一联，购买方主管税务机关留存；第二联，购买方送交销售方留存；第三联，购买方留存。
　　2. 通知单应与申请单一一对应。
　　3. 销售方应在开具红字专用发票后到主管税务机关进行核销。

附件 3-40

成品返修入库单

2012 年 5 月 30 日

交库部门：业务销售处　　　　　　　　　　　　　　　　　产成品库：返修 1 库

产品名称	计量单位	实收数量	单位成本	实际成本	备注
三相异步电动机（YS-2 型号）	台	50	409.15	20 457.50	武汉华瑞有限责任公司退货
合　计		50		20 457.50	

记账：李蓬　　　主管：汤燕　　　保管：李文　　　交库：彭静

附件 3-41　　　　　　　（依提供的原始资料开具红字增值税专用发票）

湖南增值税专用发票

4304000296　　　　　　　　　记　账　联　　　　　　　　No00540012

开票日期：　年　月　日

购货单位	名　称：		密码区	（略）
	纳税人识别号：			
	地址、电话：			
	开户行及账号：			

货物或应税劳务名称	规格型号	单位	数量	单价	金额	税率	税额
合　计							

价税合计（大写）		（小写）

销货单位	名　称：		备注
	纳税人识别号：		
	地址、电话：		
	开户行及账号：		

收款人：　　　　　复核：　　　　　开票人：　　　　　　销货单位（章）

第一联　记账联　销货方记账凭证

附件 3-42

应交增值税　明细账

| 年 | | 凭证 | | 摘　要 | 借　方 | | | 贷　方 | | | | 借或贷 | 余　额 |
月	日	字	号		合　计	进项税额	已交税金	合　计	销项税额	进项税额转出	出口退税		

附件 3 - 43　　　　　　　**增值税纳税申报表附列资料（表一）**

（本期销售情况明细）

税款所属时间：　　　年　月

纳税人名称：（公章）　　　　　填表日期：　　年　月　日　　　　　金额单位：元至角分

一、按适用税率征收增值税货物及劳务的销售额和销项税额明细

项　目	栏次	应税货物						应税劳务			小计		
		17%税率			13%税率								
		份数	销售额	销项税额	份数	销售额	销项税额	份数	销售额	销项税额	份数	销售额	销项税额
防伪税控系统开具的增值税专用发票	1												
非防伪税控系统开具的增值税专用发票	2												
开具普通发票	3												
未开具发票	4	──			──			──			──		
小　计	5＝1＋2＋3＋4	──			──			──			──		
纳税检查调整	6	──			──			──			～		
合　计	7＝5＋6												

二、简易征收办法征收增值税货物的销售额和应纳税额明细

项　目	栏次	6%征收率			4%征收率			小计		
		份数	销售额	应纳税额	份数	销售额	应纳税额	份数	销售额	应纳税额
防伪税控系统开具的增值税专用发票	8									
非防伪税控系统开具的增值税专用发票	9									
开具普通发票	10									
未开具发票	11	──			──			──		
小　计	12＝8＋9＋10＋11	──			──			──		
纳税检查调整	13	──			──			──		
合　计	14＝12＋13									

三、免征增值税货物及劳务销售额明细

项　目	栏次	免税货物			免税劳务			小计		
		份数	销售额	税额	份数	销售额	税额	份数	销售额	税额
防伪税控系统开具的增值税专用发票	15				──		──			
开具普通发票	16									──
未开具发票	17	──			──			──		
合　计	18＝15＋16＋17	──			──			──		

附件 3－44

增值税纳税申报表附列资料（表二）

（本期进项税额明细）

税款所属时间： 年 月

纳税人名称：（公章） 填表日期： 年 月 日 金额单位：元至角分

一、申报抵扣的进项税额

项 目	栏 次	份 数	金 额	税 额
（一）认证相符的防伪税控增值税专用发票	1			
其中：本期认证相符且本期申报抵扣	2			
前期认证相符且本期申报抵扣	3			
（二）非防伪税控增值税专用发票及其他扣税凭证	4			
其中：17% 税率	5			
13% 税率或扣除率	6			
10% 扣除率	7			
7% 扣除率	8			
6% 征收率	9			
4% 征收率	10			
（三）期初已征税款	11		——	——
当期申报抵扣进项税额合计	12			

二、进项税额转出额

项 目	栏 次	税 额
本期进项税转出额	13	
其中：免税货物用	14	
非应税项目用	15	
非正常损失	16	
按简易征收办法征税货物用	17	
免抵退税办法出口货物不得抵扣进项税额	18	
纳税检查调减进项税额	19	
未经认证已抵扣的进项税额	20	

三、待抵扣进项税额

项 目	栏 次	份 数	金 额	税 额
（一）认证相符的防伪税控增值税专用发票	22	——	——	
期初已认证相符但未申报抵扣	23			
本期认证相符且本期未申报抵扣	24			
期末已认证相符但未申报抵扣	25			
其中：按照税法规定不允许抵扣	26			
（二）非防伪税控增值税专用发票及其他扣税凭证	27			
其中：17% 税率	28			
13% 税率及扣除率	29			
10% 扣除率	30			
7% 扣除率	31			
6% 征收率	32			
4% 征收率	33			

四、其他

项 目	栏 次	份 数	金 额	税 额
本期认证相符的全部防伪税控增值税专用发票	35			
期初已征税款挂账额	36	——	——	
期初已征税款余额	37	——	——	
代扣代缴税额	38	——	——	

注：第 1 栏 = 第 2 栏 + 第 3 栏 = 第 23 栏 + 第 35 栏 - 第 25 栏；第 2 栏 = 第 35 栏 - 第 24 栏；第 3 栏 = 第 23 栏 + 第 24 栏 - 第 25 栏；第 4 栏等于第 5 栏至第 10 栏之和；第 12 栏 = 第 1 栏 + 第 4 栏 + 第 11 栏；第 13 栏等于第 14 栏至第 21 栏之和；第 27 栏等于第 28 栏至第 34 栏之和。

附件 3 - 45

固定资产进项税额抵扣情况表

纳税人识别号：　　　　　　　　　　　　纳税人名称（公章）：

填表日期：　　年　月　日　　　　　　　　　　　　　　　　金额单位：元至角分

项　目	当期申报抵扣的 固定资产进项税额	当期申报抵扣的 固定资产进项税额累计
增值税专用发票		
海关进口增值税专用缴款书		
合　计		

注：本表一式二份，一份纳税人留存，一份主管税务机关留存。

附件 3 - 46

增值税纳税申报表

（适用于增值税一般纳税人）

根据《中华人民共和国增值税暂行条例》第二十二条和第二十三条的规定制定本表。纳税人不论有无销售额，均应按主管税务机关核定的纳税期限按期填报本表，并于次月一日起十五日内，向当地税务机关申报。

税款所属时间：自　年　月　日至　年　月　日　　　填表日期：　　年　月　日　　　金额单位：元至角分

纳税人识别号													所属行业	
纳税人名称	（公章）		法定代表人姓名			注册地址			营业地址					
开户银行及账号			企业登记 注册类型						电话号码					

	项目					
销售额	（一）按适用税率征税货物及劳务销售额	1				
	其中：应税货物销售额	2				
	应税劳务销售额	3				
	纳税检查调整的销售额	4				
	（二）按简易征收办法征税货物销售额	5				
	其中：纳税检查调整的销售额	6				
	（三）免、抵、退办法出口货物销售额	7		——	——	
	（四）免税货物及劳务销售额	8		——	——	
	其中：免税货物销售额	9		——	——	
	免税劳务销售额	10		——	——	
税款计算	销项税额	11				
	进项税额	12				
	上期留抵税额	13		——		
	进项税额转出	14				
	免抵退货物应退税额	15		——	——	
	按适用税率计算的纳税检查应补缴税额	16		——	——	
	应抵扣税额合计	17 = 12 + 13 - 14 - 15 + 16		——	——	

续

项 目		栏 次	一般货物及劳务		即征即退货物及劳务	
			本月数	本年累计	本月数	本年累计
税款计算	实际抵扣税额	18（如17＜11，则为17，否则为11）				
	应纳税额	19＝11－18				
	期末留抵税额	20＝17－18		——		——
	简易征收办法计算的应纳税额	21				
	按简易征收办法计算的纳税检查应补缴税额	22			——	——
	应纳税额减征额	23				
	应纳税额合计	24＝19＋21－23				
税款缴纳	期初未缴税额（多缴为负数）	25				
	实收出口开具专用缴款书退税额	26				
	本期已缴税额	27＝28＋29＋30＋31				
	①分次预缴税额	28		——		——
	②出口开具专用缴款书预缴税额	29		——		——
	③本期缴纳上期应纳税额	30				
	④本期缴纳欠缴税额	31				
税款缴纳	期末未缴税额（多缴为负数）	32＝24＋25＋26－27				
	其中：欠缴税额（≥0）	33＝25＋26－27		——		——
	本期应补（退）税额	34＝24－28－29		——		——
	即征即退实际退税额	35	——	——		
	期初未缴查补税额	36			——	——
	本期入库查补税额	37			——	——
	期末未缴查补税额	38＝16＋22＋36－37			——	——

授权声明	如果你已委托代理人申报，请填写下列资料： 　　为代理一切税务事宜，现授权　　（地址）　为本纳税人的代理申报人，任何与本申报表有关的往来文件，都可寄予此人。 　　　　　　　授权人签字：	申报人声明	此纳税申报表是根据《中华人民共和国增值税暂行条例》的规定填报的，我相信它是真实的、可靠的、完整的。 　　　　　　　声明人签字：

以下由税务机关填写：
收到日期：　　　　　　　　　　　　　　　　　　　　　接收人：
主管税务机关盖章

二、小规模纳税人增值税技能实训附件

【业务1】

附件3－47

税收通用完税证

中华人民共和国
税收通用完税证　　　国

注册类型：有限责任公司　　　填发日期：2013年1月7日　　　征收机关：狮山区国税局税源十科

纳税人代码	430897407030041			地址		衡阳市虎山路20号		
纳税人名称	湖南恒彩服饰有限公司			税款所属时期		2012－12－01 至 2012－12－31		
税　种	品目名称	课税数量	计税金额或销售收入	税率或单位税额		已缴或扣税额		实缴金额
增值税	制造业（3%）		40 000.00	3%				1 200.00
金额合计（大写）壹仟贰佰元整								

税务机关（盖章）征收专用章　　委托代征单位（盖章）　　填票人（章）王科湖　　备注　　税票号码：02388542　　税管员：李宏

【业务2】

附件3－48

中华人民共和国
税收通用完税证　　　地

（2009）湘地完电：No：02388542

注册类型：有限责任公司　　　填发日期：2013年1月8日　　　征收机关：狮山区地税局管理3科

纳税人代码	430897407030041			地址		衡阳市虎山路20号		
纳税人名称	湖南恒彩服饰有限公司			税款所属时期		2012－12－01 至 2012－12－31		
税　种	品目名称	课税数量	计税金额或销售收入	税率或单位税额		已缴或扣税额		实缴金额
城市维护建设税－增值税			1 200.00	7%				84.00
教育费附加－增值税			1 200.00	4.5%				54.00
金额合计（大写）壹佰叁拾捌元整								

税务机关（盖章）征收专用章　　委托代征单位（盖章）　　填票人（章）李玉　　备注　　税票号码：02388542　　税管员：黄华

【业务3】

附件 3－49

湖南增值税普通发票

4300094620

No 01278637

效验码 3272 6370 1338 7986

开票日期：2013 年 1 月 10 日

购货单位	名 称：	衡阳市富丽服饰有限公司		密码区	3333－1＜9－4－12＝＞3		加密版本：01
	纳税人识别号：	430404195566099			1＜2422＞65586＝6＜		4300094620
	地址、电话：	湖南省珠晖区狮山路120号			69＞＊5－×24＝75＞6		01278637
	开户行及账号：	建行二支行 010933781013					

货物或应税劳务名称	规格型号	单位	数量	单价	金额	税率	税额
A 裙		件	500	200	100 000.00	3%	3 000.00
合 计					￥100 000.00		￥3 000.00

价税合计（大写）	⊗壹拾万零叁仟元整		（小写）￥103 000.00

销货单位	名 称：	湖南恒彩服饰有限公司	备注
	纳税人识别号：	430897407030041	
	地址、电话：	湖南省衡阳市虎山路20号	
	开户行及账号：	中国银行雁城支行 314074791908	

收款人：尹静　　　复核：　　　开票人：罗生　　　销货单位（章）

第一联 记账联 销货方记账凭证

附件 3－50

发 货 单

购货单位：衡阳市富丽服饰有限公司　　　2013 年 1 月 10 日　　　编号：080139405

产品编号	产品名称	规格	单位	数 量		单价	金 额							
				请发	实发		十万	千	百	十	元	角	分
	A 裙	L	件	500	500								
合计													

审批：夏文　　　发货人：李乐　　　提货人：伍费　　　制单：赵题

第三联 财务

【业务4】

附件 3 – 51

湖南增值税普通发票

4300094620

效验码 2272 8370 1338 4549

№ 01278638

开票日期：2013 年 1 月 16 日

购货单位	名　　称：	广州珠江有限公司		密码区	2562 – 1 < 9 – 4 – 12 = > 3　加密版本：01
	纳税人识别号：	44060002824			9 < 2322 > 65586 = 6 <　　4300095620
	地址、电话：	广州市华南路 100 号 83295008			– 83 > * 5 – × 24 = 24 > 3　01278638
	开户行及账号：	建行一支行 212003434			

货物或应税劳务名称	规格型号	单位	数量	单价	金额	税率	税额
A 裙		件	500	200	100 000.00	3%	3 000.00
合　　计					￥100 000.00		￥3 000.00

价税合计（大写）	⊗壹拾万零叁仟元整		（小写）￥103 000.00

销货单位	名　　称：	湖南恒彩服饰有限公司		备注
	纳税人识别号：	430897407030041		
	地址、电话：	湖南省衡阳市虎山路 20 号		
	开户行及账号：	中国银行雁城支行 314074791908		

收款人：尹静　　　复核：　　　开票人：罗生　　　销货单位（章）

第一联　记账联　销货方记账凭证

附件 3 – 52

中国银行进账单（受理回单）

填制日期　2013 年 1 月 16 日　　**1**　　　　第　号

付款人	全　称	广州珠江有限公司	收款人	全　称	湖南恒彩服饰有限公司
	账　号	212003434		账　号	314074791908
	开户银行	建行一支行		开户银行	中国银行雁城支行

人民币：（大写）	⊗壹拾万零叁仟元整	千	百	十	万	千	百	十	元	角	分
				￥	1	0	3	0	0	0	0	0
票据种类	银行汇票					此联不作收款用					
票据张数	1 张										

单位主管　　会计　　复核　　记账　　　　　　　受理银行盖章

此联是收款人开户行交给收款人的受理回单

附件 3－53

发 货 单

购货单位：广州珠江有限公司　　　　　　2013 年 1 月 16 日　　　　　　　　　编号：080139406

产品编号	产品名称	规格	单位	数量		单价	金　额							
				请 发	实 发		十 万	千	百	十	元	角	分	
	A 裙	L	件	500	500	'							
合计													

审批：夏文　　　　　发货人：李乐　　　　提货人：伍费　　　　制单：赵题

第三联　财务

【业务5】

附件 3－54

陕西增值税专用发票

6100092330

陕 西

No 00575238

开票日期：2013 年 1 月 17 日

购货单位	名　称：	湖南恒彩服饰有限公司					密码区	2489－1＜9－7－　　加密版本：01
	纳税人识别号：	430897407030041						615962848＜032/52＞　6100092330
	地址、电话：	湖南省衡阳市虎山路20 号						9/29533－49741626＜8－　00575238
	开户行及账号：	中国银行雁城支行 314074791908						3024＞82906－2－47－6
								＜7＞2＊－/＊＞6/

货物或应税劳务名称	规格型号	单位	数量	单价	金额	税率	税额
电烫		个	2 500	20.00	50 000.00	17%	8 500.00
剪刀		个	4 000	4.40	17 600.00		2 992.00
合　计					￥67 600.00		￥11 492.00

价税合计（大写）	⊗柒万玖仟零玖拾贰元整		￥小写：79 092.00

销货单位	名　称：	陕西宝鸡华丰公司	备注	
	纳税人识别号：	610395710617632		
	地址、电话：	宝鸡市火炬路88 号 3865321		
	开户行及账号：	工行城南分理处 2603010208453706814		

610395
710617632
发票专用章

收款人：王丽　　　复核：陈芳　　　开票人：马萍　　　销货单位（章）

第三联　发票联　购货方记账凭证

附件 3－55

6100092330

陕西增值税专用发票

陕 西

No 00575238

开票日期：2013 年 1 月 17 日

购货单位	名　　称：	湖南恒彩服饰有限公司					密码区	2489－1＜9－7－ 615962848＜032/52＞ 9/29533－49741626＜ 8－3024＞82906－2－47－6 ＜7＞2＊－/＞＊＞6/	加密版本：01 6100092330 00575238
	纳税人识别号：	430897407030041							
	地址、电话：	湖南省衡阳市虎山路 20 号							
	开户行及账号：	中国银行雁城支行 314074791908							

货物或应税劳务名称	规格型号	单位	数量	单价	金额	税率	税额
电烫		个	2 500	20.00	50 000.00	17%	8 500.00
剪刀		个	4 000	4.40	17 600.00		2 992.00
合　计					￥67 600.00		￥11 492.00

价税合计（大写）	⊗柒万玖仟零玖拾贰元整		（小写）￥79 092.00

销货单位	名　　称：	陕西宝鸡华丰公司	备注	610395 710617632 发票专用章
	纳税人识别号：	610395710617632		
	地址、电话：	宝鸡市火炬路 88 号 3865321		
	开户行及账号：	工行城南分理处 2603010208453706814		

收款人：王丽　　　　复核：陈芳　　　　开票人：马萍　　　　销货单位（章）

第二联　抵扣联　购货方抵扣

附件 3－56

中国银行　　电汇凭证（回 单）　1

委托日期　2013 年 1 月 17 日

第 002457 号

付款人	全　称	湖南恒彩服饰有限公司	收款人	全　称	陕西宝鸡华丰公司
	账号或住址	314074791908		账号或住址	2603010208453706814
	汇出地点	长沙市	汇出行名称 中国银行雁城支行	汇入地点	陕西宝鸡市	汇入行名称 工行城南分理处

人民币： （大写）	柒万玖仟零玖拾贰元整	百	十	万	千	百	十	元	角	分
			￥7	9	0	9	2	0	0

汇款用途：付购料款

上列款项已根据委托办理，如需查询，请持此回单来行面洽

单位主管　会计　复核　记账

（汇出行盖章）

中国银行雁城支行

转讫　　2013 年 1 月 2 日

此联是汇出银行给付款人的回单

附件 3 – 57

湖南恒彩服饰有限公司收料单

供应单位：陕西宝鸡华丰公司　　　　　　　　　　　　　　　　　　编号：1068
发票号码：00575238　　　　　　　　2013 年 1 月 18 日　　　　　　仓库：一仓库

规格	材料名称	编号	数量		实际价格（元）													
			应收	实收	单位	单价	发票金额	运杂费	合计									
									千	百	十	万	千	百	十	元	角	分
	电烫	1101	2 500	2 500	个	23.40	58 500.00	0.00				5	8	5	0	0	0	0
备注			验收人 盖 章		李 金					合计 ¥. 58 500.00									

审核　林 飞　　　　　　　　　　　　　　制单　王 英

附件 3 – 58

湖南恒彩服饰有限责任公司收料单

供应单位：陕西宝鸡华丰公司　　　　　　　　　　　　　　　　　　编号：1069
发票号码：00575238　　　　　　　　2013 年 1 月 2 日　　　　　　　仓库：二仓库

规格	材料名称	编号	数量		实际价格（元）													
			应收	实收	单位	单价	发票金额	运杂费	合计									
									千	百	十	万	千	百	十	元	角	分
	剪刀	1 102	4 000	4 000	个	5.148	20 592.00	0.00				2	0	5	9	2	0	0
备注			验收人 盖 章		李 金					合计 ¥20 592.00									

【业务6】

（注：增值税发票于 20 日收到）

附件 3-59

湖北增值税普通发票

4200092340 　　　　　　　　　　　　　　　　　　　　　　　　No 012735566

效验码 2272 8370 1328 4990 2010　　　　　　　　　开票日期：2013 年 1 月 18 日

购货单位	名　称：	湖南恒彩服饰有限公司				密码区	238-1<9-4-12=>9 加密版本：01
	纳税人识别号：	430897407030041					9<23>65586=<27　4200092340
	地址、电话：	湖南省衡阳市虎山路20号					-83>-×24=24>>8　012735566
	开户行及账号：	中国银行雁城支行 314074791908					

货物或应税劳务名称	规格型号	单位	数量	单价	金额	税率	税额
棉布		米	500	84	42 000.00	17%	7 140.0
合　计					¥42 000.00	17%	¥7 140.0

价税合计（大写）　⊗肆万玖仟壹佰肆拾元整　　　　　　（小写）¥49 140.00

销货单位	名　称：	湖北枝江有限公司	备注	湖北枝江有限公司 420802848556322 发票专用章
	纳税人识别号：	420802848556322		
	地址、电话：	枝江市长江路16号 3472007		
	开户行及账号：	工商银行红旗支行 2257028632		

收款人：　　　复核：成丽　　　开票人：李为　　　销货单位（章）

第二联　发票联　购货方记账凭证

附件 3-60

收　料　单

供应单位：湖南枝江有限公司　　　　　　　　　　　　　编号：0123856
发票号码：012735566　　　　　2013 年 1 月 20 日　　　仓库：原料库

编号	材料名称	规格	单位	数量 应收	数量 实收	单价	金额 千	百	十	万	千	百	十	元	角	分
	棉布		米	500	500	98.28				4	9	1	4	0	0	0
	运杂费															
	合　计								¥	4	9	1	4	0	0	0

备注：

管员：刘颖　　　记账：孙洁　　　验收员：李平　　　制单：张宁

第二联　会计部门记账

- 175 -

【业务7】

附件3－61　　　　　　　　　　（要求填列营业税金及附加计算表数据）

营业税金及附加计算表

2013 年 1 月 31 日

项　　目	金　额（元）
应交增值税额	
应交城市维护建设税（7%）	
应交教育费附加（4.5%）	

复核：邹霞　　　　　　　　　　　　制单：唐燕

附件3－62

应交税费—应交增值税

总　页　第 1 页

年		凭　证		摘　　要	借方	贷方	借或贷	余额
月	日	字	号					

附件 3－63　　　　　　　　　**增值税纳税申报表（适用小规模纳税人）**

纳税人识别号：　□□□□□□□□□□□□□□□□□□□□

纳税人名称（公章）：　　　　　　　　　　　　　　　　　　金额单位：元（列至角分）

税款所属期：　　　年　月　日至　年　月　日　　　　　填表日期：　　　年　　月　　日

项　目	栏次	本月数	本年累计
一、计税依据 （一）应征增值税货物及劳务不含税销售额	1		
其中：税务机关代开的增值税专用发票不含税销售额	2		
税控器具开具的普通发票不含税销售额	3		
（二）销售使用过的应税固定资产不含税销售额	4		
其中：税控器具开具的普通发票不含税销售额	5		
（三）免税货物及劳务销售额	6		
其中：税控器具开具的普通发票销售额	7		
（四）出口免税货物销售额	8		
其中：税控器具开具的普通发票销售额	9		
二、税款计算 本期应纳税额	10		
本期应纳税额减征额	11		
应纳税额合计	12		
本期预缴税额	13		
本期应补（退）税额	14		

纳税人或代理人声明：
此纳税申报表是根据国家税收法律的规定填报的，我确定它是真实的、可靠的、完整的

如纳税人填报，由纳税人填写以下各栏：

办税人员（签章）：　　　　　　财务负责人（签章）：
法定代表人（签章）：　　　　　联系电话：

如委托代理人填报，由代理人填写以下各栏：

代理人名称：　　　经办人（签章）：　　　联系电话：

代理人（公章）：

受理人：　　　受理日期：　年　月　日　　受理税务机关（签章）：

项目4　实训附件

【业务1】

附件4-1

中　华　人　民　共　和　国
税　收　通　用　完　税　证　　　国

注册类型：有限责任公司　　　　　填发日期：2012 年 1 月 7 日　　　　　征收机关：芙蓉区国税局税源十科

纳税人代码	430102050678168		地址		湖南省长沙市芙蓉南路 158 号	
纳税人名称	湖南万通有限公司		税款所属时期		2011 - 12 - 01 至 2011 - 12 - 31	
税　种	品目名称	课税数量	计税金额或销售收入	税率或单位税额	已缴或扣税额	实缴金额
消费税			40 000.00	30%		12 000.00
金额合计（大写）壹万贰仟元整						

	委托代征单位（盖章）	填票人（章） 王科湖	备注	税票号码： 02388542 税管员：李宏

第二联　（收据）交纳税人作完税凭证

【业务2】

附件4-2

中　华　人　民　共　和　国
税　收　通　用　完　税　证　　　地

（2011）湘地完电：No：02388542

注册类型：有限责任公司　　　　　填发日期：2012 年 1 月 8 日　　　　　征收机关：芙蓉区地税局管理 3 科

纳税人代码	430102050678168		地址		湖南省长沙市芙蓉南路 158 号	
纳税人名称	湖南万通有限公司		税款所属时期		2011 - 12 - 01 至 2011 - 12 - 31	
税　种	品目名称	课税数量	计税金额或销售收入	税率或单位税额	已缴或扣税额	实缴金额
城市维护建设税 -消费税			12 000.00	7%		840.00
教育费附加 -消费税			12 000.00	4.5%		540.00
金额合计（大写）壹仟叁佰捌拾元整						

	委托代征单位（盖章）	填票人（章） 李玉	备注	税票号码： 02388542 税管员：黄华

第二联　（收据）交纳税人作完税凭证

【业务3】

附件4－3

湖南增值税专用发票

4300108678

此联不作报销、扣税凭证使用

No01022239

开票日期：2012 年 1 月 9 日

购货单位	名　　称：	湘江建筑公司				密码区	2488－1＜9－7－615962748＜032/52＞9/29536－4984 1626＜8－3043＞82906－2－47－6＜7＞2＊－/＞＊＞6/	加密版本：01 4300108678 01022239
	纳税人识别号：	430901506093362						
	地址、电话：	湖南津市车胤大道48号 0736－4230580						
	开户行及账号：	建行津市支行4367056753846863218						

货物或应税劳务名称	规格型号	单位	数量	单价	金额	税率	税额
成套化妆品		盒	300	400.00	1 200 000.00	17%	204 000.00
合　　计					￥1 200 000.00		￥204 000.00

价税合计（大写）	⊗壹佰肆拾万零肆仟元整	（小写）￥608 400.00

销货单位	名　　称：	湖南万通有限公司	备注	
	纳税人识别号：	430102050678168		
	地址、电话：	长沙市芙蓉南路158号 0731－82242068		
	开户行及账号：	建设银行芙蓉路支行4367055506660888216		

收款人：赵常　　　复核：李庆　　　开票人：张红　　　销货单位（章）

第一联 记账联 销货方记账凭证

附件4－4

中国建设银行进账单（收账通知）

币种：人民币　　　　2012 年 1 月 9 日1　　　　第 0001589 号

付款人	全　　称	湖南万通有限公司	收款人	全　　称	湘江建筑公司
	账　　号	4367055506660888216		账　　号	4367056753846863218
	开户银行	建设银行芙蓉路支行		开户银行	建行津市支行

人民币：（大写）　壹佰肆拾万零肆仟元整	千	百	十	万	千	百	十	元	角	分
	￥	1	4	0	0	4	0	0	0	0

票据种类	转支	用途	
票据张数	1张		

单位主管　　会计　　复核　　记账

收款人开户银行盖章

【业务4】

附件4－5

湖南增值税专用发票

4300108678

此联不作报销、扣税凭证使用

No01022239

开票日期：2012 年 1 月 10 日

购货单位	名　　　称：	湘江建筑公司				密码区	2488 －1 ＜9－7－ 615962748 ＜032/52 ＞ 9/29536－4984 1626 ＜8－3043 ＞82906－ 2－47－6 ＜7＞2 * － / ＞ * ＞6/	加密版本：01 4300108678 01022239
	纳税人识别号：	430901506093362						
	地址、电话：	湖南津市车胤大道 48 号 0736－4230580						
	开户行及账号：	建行津市支行 4367056753846863218						

货物或应税劳务名称	规格型号	单位	数量	单价	金额	税率	税额
啤酒		吨	20	2 800.00	56 000.00	17%	9 520.00
合　　计					￥56 000.00		￥9 520.00

价税合计（大写）	⊗陆万伍仟伍佰贰拾元整				（小写）￥65 520.00

销货单位	名　　　称：	湖南万通有限公司	备注
	纳税人识别号：	430102050678168	
	地址、电话：	长沙市芙蓉南路 158 号 0731－82242068	
	开户行及账号：	建设银行芙蓉路支行 4367055506660888216	

收款人：赵常　　　复核：李庆　　　开票人：张红　　　销货单位（章）

第一联 记账联 销货方记账凭证

附件4－6

中国建设银行进账单（收账通知）

币种：人民币　　　　　　2012 年 1 月 10 　　　　　第 0001589 号

付款人	全　称	湖南万通有限公司	收款人	全　称	湘江建筑公司
	账　号	4367055506660888216		账　号	4367056753846863218
	开户银行	建设银行芙蓉路支行		开户银行	建行津市支行

人民币：（大写）　陆万伍仟伍佰贰拾元整		千	百	十	万	千	百	十	元	角	分
				￥ 6	5	5	2	0	0	0	

票据种类	转支	用途	
票据张数	1 张		

单位主管　　　会计　　　复核　　　记账		收款人开户银行盖章

附件 4 – 7

产品出库单

购货单位：湘江建筑公司　　　　　　　2012 年 1 月 10 日　　　　　　　　第 1205 号

产品名称	计量单位	出库数量	单位成本	金　额	用途
啤　酒	吨	20	2 000	40 000.00	销售
合　计				￥40 000.00	

销售部负责人：　　　　　　　仓库经办人：　　　　　　　　制表：

- -

附件 4 – 8

湖南万通有限公司收款收据

2012 年 1 月 10　日　　　　　　　　　　　　　　　　　　　第 086 号

今收到：湘江押金款								
人民币（大写）	陆仟元整 现金收讫	万	千	百	十	元	角	分
		￥	6	0	0	0	0	0
事由：啤酒包装物押金（限 3 个月）								
交款人	李伟	财务负责人			收款人		尹静	

第三联：记账联

【业务5】

附件4-9

上海增值税专用发票

3100062650

No00126455

开票日期：2012 年 1 月 20 日

购货单位	名　称：	湖南万通有限公司						
	纳税人识别号：	430102050678168				密码区	9132-789 <9-4-1271 9<122@ 542<0677	加密版本：01 3100062650 00125455
	地址、电话：	长沙市芙蓉南路 158 号 0731-82242068						
	开户行及账号：	建设银行芙蓉路支行 4367055506660888216						

货物或应税劳务名称	规格型号	单位	数量	单价	金额	税率	税额
加工费					15 000.00	17%	2 550.00
代垫辅料费					3 418.80	17%	518.20
合　计					¥18 418.80		¥3 131.20

价税合计（大写）　贰万壹仟伍佰伍拾元整　　　　（小写）¥21 150.00

销货单位	名　称：	上海澳宇有限责任公司	备注	上海澳宁有限责任公司 310115072811740 发票专用章
	纳税人识别号：	310115072811740		
	地址、电话：	上海市嘉定区利枝路 58389546		
	开户行及账号：	农行上海黄渡支行 03-830100040024768		

收款人：　　　复核：张酷　　　开票人：夏冬　　　销货单位（章）

附件4-10

上海增值税专用发票

3100062650

No00126455

开票日期：2012 年 1 月 20 日

购货单位	名　称：	湖南万通有限公司						
	纳税人识别号：	430102050678168				密码区	9132-789 <9-4-1271 9<122@ 542<0677	加密版本：01 3100062650 00125455
	地址、电话：	长沙市芙蓉南路 158 号 0731-82242068						
	开户行及账号：	建设银行芙蓉路支行 4367055506660888216						

货物或应税劳务名称	规格型号	单位	数量	单价	金额	税率	税额
加工费					15 000.00	17%	2 550.00
代垫辅料费					3 418.80	17%	518.20
合　计					¥18 418.80		¥3 131.20

价税合计（大写）　贰万壹仟伍佰伍拾元整　　　　（小写）¥21 150.00

销货单位	名　称：	上海澳宇有限责任公司	备注	上海澳宁有限责任公司 310115072811740 发票专用章
	纳税人识别号：	310115072811740		
	地址、电话：	上海市嘉定区利枝路 58389546		
	开户行及账号：	农行上海黄渡支行 03-830100040024768		

收款人：　　　复核：张酷　　　开票人：夏冬　　　销货单位（章）

附件 4 – 11

领 料 单

包法：材料包法   2012 年 1 月 5 日   编号：3245812

材料名称	编号	规格	单位	数量		单价	金额	记账
				请领	实发			
A 材料			桶	400	400	200.00	80 000.00	
工作单号			用途		委托加工化妆品			
工作项目								

审批：魏荣   记账：   发料人：陈力   领料人：戴德

附件 4 – 12

委托加工产品入库单

购货单位：湖南万通有限公司   2012 年 1 月 21 日   第 1205 号

产品名称	计量单位	出库数量	单位成本	金 额	用途
化妆品	瓶	1 000	140.598 29	140 598.29	加工收回
合 计				140 598.29	

销售部负责人：齐美   仓库经办人：张阳   制表：李沛

附件4－13

中国银行
转账支票存根（湘）
DH　00724026

附加信息

_____

_____

出票日期：2012 年 1 月 20 日

收款人：上海澳宇有限责任公司
金　额：63 729.49
用　途：付加工费及税金

单位主管：　　　会计：

【业务6】

附件4－14

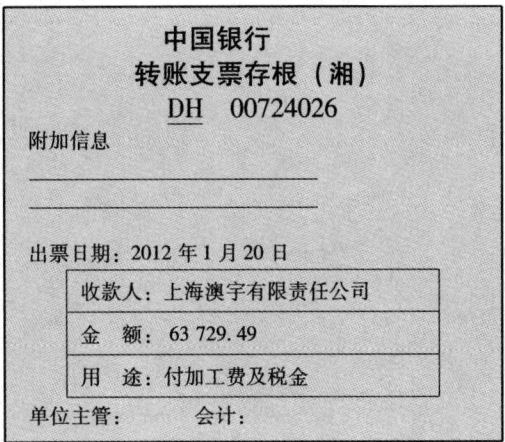

湖南增值税专用发票

4300108678

No01022239

此联不作报销、扣税凭证使用

开票日期：2012 年 1 月 22 日

购货单位	名　称：	开通服装有限公司				密码区	2488－1＜9－7－615962748＜032/52＞9/29536－4984 1626＜8－3043＞82906－2－47－6＜7＞2＊－/＞＊＞6/		加密版本：01 4300108678 01022239
	纳税人识别号：	430901506093343							
	地址、电话：	湖南津市车胤大道48 号 0736－4230532							
	开户行及账号：	建行津市支行 4367056753846863298							

货物或应税劳务名称	规格型号	单位	数量	单价	金额	税率	税额
化妆品		瓶	1 000	145.00	145 000.00	17%	24 650.00
合　计					￥145 000.00		￥24 650.00
价税合计（大写）	⊗壹拾陆万玖仟陆佰伍拾元整					（小写）￥169 650.00	

销货单位	名　称：	湖南万通有限公司	备注
	纳税人识别号：	430102050678168	
	地址、电话：	长沙市芙蓉南路 158 号 0731－82242068	
	开户行及账号：	建设银行芙蓉路支行 4367055506660888216	

收款人：赵常　　　　复核：李庆　　　　开票人：张红　　　　销货单位（章）

第一联 记账联 销货方记账凭证

附件 4-15

建设银行进账单（收账通知）

币种：人民币　　　　　　　　　　2012 年 1 月 22 日　　　　　　　　第 0001589 号

收款人	全　称	湖南万通有限公司	付款人	全　称	开通服装有限公司
	账　号	4367055506660888216		账　号	4367056753846863298
	开户银行	建设银行芙蓉路支行		开户银行	建行津市支行

人民币：（大写）壹拾陆万玖仟玖佰伍拾元整	千	百	十	万	千	百	十	元	角	分
		￥	1	6	9	9	5	0	0	0

票据种类	转支	用途	
票据张数	1 张		
单位主管	会计	复核	记账

附件 4-16

公路、内河货物运输业统一发票

开票日期　2012 年 1 月 22 日

发票代码：104525000035325
发票号码：00005074

		税控码	02/4 + 5 < 0 > 278 < 3717 < 36628 < * 019 - 893 * 2/4063 < 126/9 * 38859 > * 9/24 * 0 > < 0758 + 11496379 + 078 - + < * 76213
机打代码	030411750223		
机打号码	00007847		
机器编号	8890014583		
收货人及纳税人识别号	开通服装有限公司 430901506093343	承运人及纳税人识别号	湖南长沙佳佳运输公司 102800339658370
发货人及纳税人识别号	湖南万通有限公司 430102050678168	主管税务机关及代码	地税局 305230037

运输项目及金额	货物名称　数量　运费金额 化妆品　1 000　850.00	其他项目及金额		备注

运费小计	￥850.00	其他费用小计	￥0.00
合计（人民币）	（大写）捌佰伍拾元整		（小写）￥850.00

承运人盖章　　　　　　　　　开票人：刘平

第一联　发票联　付款方记账凭证　手写无效

附件 4 – 17

<table>
<tr><td>

中国银行

转账支票存根

DH 20102323

附加信息

_____

出票日期：2012 年 1 月 22 日

收款人：湖南长沙佳佳运输公司

金　额：￥850.00

用　途：支付运输费

单位主管：　　　会计：
</td></tr>
</table>

【业务7】

附件 4 – 18

湖南增值税专用发票

4300108678

此联不作报销、扣税凭证使用

No01022239

开票日期：2012 年 1 月 26 日

<table>
<tr>
<td rowspan="4">购货单位</td>
<td>名　　　称：</td>
<td colspan="2">中山有限公司</td>
<td rowspan="4">密码区</td>
<td rowspan="4">2488 – 1 < 9 – 7 –
615962748 < 032/52 >
9/29536 – 4984
1626 < 8 – 3043 > 82906 –
2 – 47 – 6 < 7 > 2 * –
/ > * > 6/</td>
<td rowspan="4">加密版本：01
4300108678
01022239</td>
</tr>
<tr><td>纳税人识别号：</td><td colspan="2">430901506093301</td></tr>
<tr><td>地址、电话：</td><td colspan="2">湖南长沙市车胤大道 48 号 0737 – 4230580</td></tr>
<tr><td>开户行及账号：</td><td colspan="2">建行津市支行 4367056753846863228</td></tr>
<tr>
<td colspan="2">货物或应税劳务名称</td>
<td>规格型号</td>
<td>单位</td>
<td>数量</td>
<td>单价</td>
<td>金额</td>
<td>税率</td>
<td>税额</td>
</tr>
<tr>
<td colspan="2">白酒</td>
<td></td>
<td>吨</td>
<td>20</td>
<td>5 800.00</td>
<td>116 000.00</td>
<td>17%</td>
<td>19 720.00</td>
</tr>
<tr>
<td colspan="2">包装物</td>
<td></td>
<td></td>
<td></td>
<td></td>
<td>25 000.00</td>
<td>17%</td>
<td>4 250.00</td>
</tr>
<tr>
<td colspan="2">合　计</td>
<td></td>
<td></td>
<td></td>
<td></td>
<td>￥141 000.00</td>
<td></td>
<td>￥23 970.00</td>
</tr>
<tr>
<td colspan="2">价税合计（大写）</td>
<td colspan="5">⊗壹拾陆万肆仟玖佰柒拾元整</td>
<td colspan="2">（小写）￥164 970.00</td>
</tr>
<tr>
<td rowspan="4">销货单位</td>
<td>名　　　称：</td>
<td colspan="2">湖南万通有限公司</td>
<td rowspan="4">备注</td>
<td colspan="3"></td>
</tr>
<tr><td>纳税人识别号：</td><td colspan="2">430102050678168</td><td colspan="3"></td></tr>
<tr><td>地址、电话：</td><td colspan="2">长沙市芙蓉南路 158 号 0731 – 82242068</td><td colspan="3"></td></tr>
<tr><td>开户行及账号：</td><td colspan="2">建设银行芙蓉路支行 4367055506660888216</td><td colspan="3"></td></tr>
<tr>
<td colspan="2">收款人：赵常</td>
<td colspan="2">复核：李庆</td>
<td colspan="2">开票人：张红</td>
<td colspan="3">销货单位（章）</td>
</tr>
</table>

第一联 记账联 销货方记账凭证

43010 2050678168 发票专用章

附件 4-19

中国建设银行进账单（收账通知）

币种：人民币　　　　　　　　　　2012 年 1 月 26　　　　　　　　第 0001589 号

付款人	全　称	湖南万通有限公司	收款人	全　称	中山有限公司
	账　号	4367055506660888216		账　号	4367056753846863228
	开户银行	建设银行芙蓉路支行		开户银行	建行雨花区支行

人民币（大写） 壹拾捌万捌仟玖佰柒拾元整	千	百	十	万				元	角	分
			￥	1	8	8	9	7	0	0	0

票据种类	转支	用途	
票据张数	1 张		

单位主管　　　　会计　　　　复核　　　　记账

（收款人开户银行盖章）

（中国建设银行芙蓉路支行 业务章）

附件 4-20

产品出库单

购货单位：中山有限公司　　　　　2012 年 1 月 26 日　　　　　　　第 1205 号

产品名称	计量单位	出库数量	单位成本	金　额	用途
白　酒	吨	20	4 000	80 000.00	销售
合　计				￥80 000.00	

销售部负责人：齐美　　　　　　仓库经办人：张阳　　　　　　制表：

附件 4 – 21

湖南万通有限公司收款收据

2012 年 1 月 10　日   第 086 号

今收到：中山有限公司支付白酒价外补贴									
人民币（大写）	贰万肆仟元整		万	千	百	十	元	角	分
			2	0	0	0	0	0	0
事由：白酒价外补贴									
交款人	刘东	财务负责人			收款人				

【业务 8】

附件 4 – 22

营业税金及附加计算表

年　月　日

项　　目	金　额（元）
应交增值税、消费税额	
应交城市维护建设税（7%）	
应交教育费附加（4.5%）	

复核：　　　　　　　　　　制单：

附件 4 – 23

应交消费税明细账

年		凭 证		摘 要	借方	贷方	借或贷	余额
月	日	字	号					

附件 4 – 24

酒及酒精消费税纳税申报表

税款所属期：　年　月　日至　年　月　日

纳税人名称（公章）：

纳税人识别号：☐☐☐☐☐☐☐☐☐☐☐☐☐☐☐☐☐☐

填表日期：2010 年 8 月 8 日　　　　　　　　　　金额单位：元（列至角分）

项目 应税 消费品名称	适用税率		销售数量	销售额	应纳税额
	定额税率	比例税率			
粮食白酒	0.5 元/斤	20%			
薯类白酒	0.5 元/斤	20%			
啤酒	250 元/吨	——			
啤酒	220 元/吨	——			
黄酒	240 元/吨	——			
其他酒	——	10%			
酒精	——	5%			
合计	——			——	

本期准予抵减税额：

本期减（免）税额：

期初未缴税额：

声明

　　此纳税申报表是根据国家税收法律的规定填报的，我确定它是真实的、可靠的、完整的。

经办人（签章）：
财务负责人（签章）：
联系电话：

续表

本期缴纳前期应纳税额：	（如果你已委托代理人申报，请填写） 授权声明
本期预缴税额：	为代理一切税务事宜，现授权_____
本期应补（退）税额：	_____（地址）_____为 本纳税人的代理申报人，任何与本申报表有 关的往来文件，都可寄予此人。
期末未缴税额：	授权人签章：

以下由税务机关填写

受理人（签章）：　　　　　　受理日期：　年　月　日　　　　　　受理税务机关（章）：

附件 4－25　　　　　　　　　**其他应税消费品消费税纳税申报表**

税款所属期：　　年　月　日至　　年　月　日

纳税人名称（公章）：

纳税人识别号：□□□□□□□□□□□□□□□□□□□□

填表日期：　年　月　日　　　　　　　　　　　　金额单位：元（列至角分）

项目 应税 消费品名称	适用税率	销售数量	销售额	应纳税额
合计	——	——	——	

	声明
本期准予抵减税额：	此纳税申报表是根据国家税收法律的规定填报的，我确定它是真实的、可靠的、完整的。
本期减（免）税额：	经办人（签章）：
期初未缴税额：	财务负责人（签章）： 联系电话：
本期缴纳前期应纳税额：	（如果你已委托代理人申报，请填写） 授权声明
本期预缴税额：	为代理一切税务事宜，现授权_____
本期应补（退）税额：	_____（地址）_____为 本纳税人的代理申报人，任何与本申报表有 关的往来文件，都可寄予此人。
期末未缴税额：	授权人签章：

以下由税务机关填写

受理人（签章）：　　　　　　受理日期：　年　月　日　　　　　　受理税务机关（章）：

项目 5 实训附件

【业务 1】

附件 5-1

中华人民共和国
税收通用完税证 国

注册类型：有限责任公司　　　填发日期：2012 年 1 月 7 日　　　征收机关：芙蓉区地税局税源十科

纳税人代码	430102050678122		地址		湖南省长沙市芙蓉南路 157 号	
纳税人名称	长沙大华公司		税款所属时期		2011-12-01 至 2011-12-31	
税　种	品　目名　称	课税数量	计税金额或销售收入	税率或单位税额	已缴或扣税额	实缴金额
营业税			90 000.00	5%		4 500.00
金额合计	（大写）壹仟贰佰元整					

征税专用章	委托代征单位（盖章）	填票人（章）　王科湖	备注	税票号码：02388542　税管员：李宏

第二联（收据）交纳税人作完税凭证

【业务 2】

附件 5-2

中华人民共和国　　　　地税　地

税收通用缴款书

隶属关系：　　　　　　　　　　　No：2010050056328

经济类型：有限责任公司　　签发日期　2012 年 1 月 8 日　　收入机关：长沙市芙蓉地

缴款单位（人）	纳税代码	430102050678122		预算科目	款	工商税收
	全　称	长沙大华公司			项	城建税、教育费附加
	开户银行	中国工商银行长沙中山支行			级次	市级
	账　号	3220687494587926		收款国库		中国人民银行芙蓉支行国库

税款所属时期：2011-12-01 至 2011-12-31　　　　税款限缴日期：2012 年 1 月 8 日

税　目名　称	课税数量	计税金额或销售收入	税率或单位税额	已缴或扣除额	实缴税额								
					仟	百	拾	万	仟	百	拾	元	角	分
城建税		4 500.00	7%							3	1	5	0	0
教育费附加		4 500.00	4.5%							2	0	2	5	0
金额合计	（大写）※伍佰壹拾柒元伍角整									5	1	7	5	0

续表

		备注	
上列款项已收妥，并划转收款单位账户 国库（银行）盖章　　2012 年 1 月 8 日			

【业务3】

附件 5－3

中国建设银行进账单（收账通知）

币种：人民币　　　　　　　　2012 年 1 月 10 日　　　　　　　　第 0001589 号

收款人	全　称	长沙大华公司		付款人	全　称	长沙酒业公司									
	账　号	4367055506660888219			账　号	4367056753846863291									
	开户银行	建设银行芙蓉路支行			开户银行	建行津市支行									
人民币（大写）壹拾柒万伍仟元整					千	百	十	万	千	百	十	元	角	分
					¥	1	7	5	0	0	0	0	0	0
票据种类	转支		用途												
票据张数	1 张				收款人开户银行签章										
单位主管　　会计　　复核　　记账															

附件 5－4

长沙市劳务（服务）收入发票

（2010）34 号　№0101517

客户：长沙电视广告公司

2012 年 1 月 11 日

项　目	规　格	单　位	数　量	金　额							备　注
				万	千	佰	十	元	角	分	
广告发布费				5	0	0	0	0	0	0	
金额（大写）：人民币伍万元整				5	0	0	0	0	0	0	

收款单位盖章（未盖章无效）　　　　　开票人：刘海　　　　　收款人：

第二联：发票联

附件 5－5

长沙市劳务（服务）收入发票

（2010）3 号　№0001561

客户：长沙酒业公司

2012 年 1 月 11 日

项　目	规　格	单　位	数　量	金　额							备　注
				万	千	佰	十	元	角	分	
广告制作费				7	5	0	0	0	0	0	
其他费用				5	0	0	0	0	0	0	
金额（大写）：人民币壹万贰仟伍佰元整				1	2	5	0	0	0	0	

收款单位盖章（未盖章无效）　　　　　开票人：刘海　　　　　收款人：

第一联：记账联

【业务4】

附件5-6

中国建设银行进账单（收账通知）

币种：人民币　　　　　　　　　　　2012 年 1 月 12 日　　　　　　　　　第 0001589 号

收款人	全　　称	长沙大华公司		付款人	全　　称	华胜服装有限公司								
	账　　号	4367055506660888219			账　　号	4367056753846863281								
	开户银行	建设银行芙蓉路支行			开户银行	建行津市支行								
人民币（大写）捌万元整				千	百	十	万	千	百	十	元	角	分
						¥ 8	0	0	0	0
票据种类	转支		用途										
票据张数	1 张												
单位主管	会计	复核	记账		收款人开户银行盖章								

（印章：中国建设银行芙蓉路支行 10.01.22）

附件5-7

旅游途中代旅客支付相关费用汇总表

2012 年 1 月 15 日

项　　目	所附票据	金　　额
住宿费		20 000.00
餐饮费		5 000.00
车船费		20 000.00
合　　计		¥45 000.00

金额（大写）：人民币肆万伍仟元整

制表：李林　　　　　　　　　　　　　　　　审核：王芳

（印章：财务专用章）

附件 5 – 8

长沙市劳务（服务）收入发票

湘长沙市
税务局监制

（2010）3 号　No.0001562

客户：华胜服装　　　　2012 年 1 月 15 日

项　目	规　格	单　位	数　量	金　额							备　注
				万	千	佰	十	元	角	分	
团体旅游费				3	5	0	0	0	0	0	
金额（大写）：人民币叁万伍仟元整				3	0	0	0	0		0	

收款单位盖章（未盖章无效）　　　　开票人：陈迷　　　　收款人：李丽

第一联：记账联

附件 5 – 9

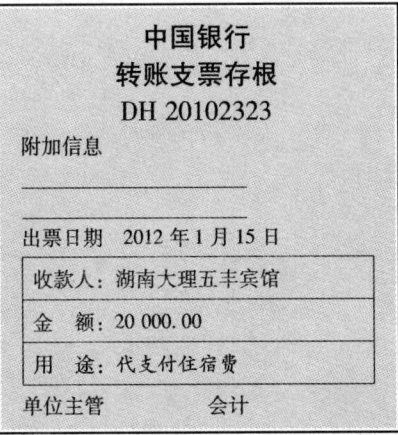

中国银行
转账支票存根
DH 20102323

附加信息

_____

出票日期　2012 年 1 月 15 日

收款人：湖南大理五丰宾馆
金　额：20 000.00
用　途：代支付住宿费

单位主管　　　　会计

附件 5－10

中国银行
转账支票存根
DH 20102324

附加信息

_____

出票日期　2012 年 1 月 15 日

收款人：长途客运公司	
金　额：25 000.00	
用　途：代支付车船费	

单位主管　　　　　会计

【业务5】

附件 5－11

中国建设银行进账单（收账通知）

币种：人民币　　　　　　　　2012 年 1 月 22 日　　　　　　　第 0001589 号

收款人	全　称	长沙大华公司		付款人	全　称	长江机械厂									
	账　号	4367055506660888219			账　号	4367056753846863221									
	开户银行	建设银行芙蓉路支行			开户银行	建行津市支行									
人民币（大写）壹拾伍万柒仟元整				千	百	十	万	千	百	十	元	角	分
					¥ 1					0	0	0	0
票据种类	转支		用途										
票据张数	1 张												
单位主管　　会计　　复核　　记账				收款人开户银行盖章									

附件 5 – 12

长沙大华公司歌舞厅收入汇总表

2012 年 1 月 22 日

项　目	所附票据	金额
门票收入		95 000.00
烟酒饮料费收入		13 000.00
点歌费收入		000.00
其他收入		17 000.00
合　计		¥150 000.00

金额（大写）：人民币壹拾伍万柒仟元整

制表：　　　　　　　　　　　　　　　　　审核：

【业务6】

附件 5 – 13

长沙市劳务（服务）收入发票

（2010）3 号　№0001563

客户：长沙市政府办公室　　　　　　　　　2012 年 1 月 28 日

项　目	规格	单位	数量	万	千	佰	十	元	角	分	备　注
住宿费				5	0	0	0	0	0	0	
餐饮费				2	5	0	0	0	0	0	
租赁费				1	0	0	0	0	0	0	
金额（大写）：人民币捌万伍仟元整				8	5	0	0	0	0	0	

收款单位盖章（未盖章无效）　　　　　开票人：　　　　　　　收款人：

第一联：记账联

219

附件 5 - 14

中国建设银行进账单（收账通知）

币种：人民币　　　　　　　　　2012 年 1 月 22 日　　　　　　　　第 0001589 号

收款人	全　称	长沙大华公司		付款人	全　称	长沙市政府办公室										
	账　号	4367055506660888219			账　号	4367056753846863231										
	开户银行	建设银行芙蓉路支行			开户银行	建行长沙市支行										

人民币（大写）捌万伍仟元整		千	百	十	万	千	百	十	元	角	分
				¥	8	5	0	0	0	0	0

票据种类	转支	用途	
票据张数	1 张		
单位主管　　会计　　复核　　记账		收款人开户银行盖章	

【业务7】

附件 5 - 15

营业税金及附加计算表

2012 年 1 月 31 日

项　目	金额（元）
应交营业税额	
应交城市维护建设税（7%）	
应交教育费附加（4.5%）	

复核：　　　　　　　　　　　　　　制单：

附件 5 - 16　　　　　登记"应交税费——应交营业税"明细账

应交营业税明细账

第 1 页

年		凭证		摘　要	借方	贷方	借或贷	余额
月	日	字	号					

附件 5 – 17　　　　　　　　　　**填制营业税纳税申报表**

服务业营业税纳税申报表

（适用于服务业营业税纳税人）

纳税人名称（公章）：　　　　　　　纳税人管理码：　　　填表时间：　年　日

税款所属期：　年　月　日至　年　月　日

金额单位：元（列至角分）

税目	营业额				税率（%）	本期税款计算			税款缴纳					
	应税收入	应税减除项目金额	应税营业额	免税收入		小计	本期应纳税额	免（减）税额	期初欠缴税额	前期多缴税额	本期已缴税额		本期应缴税额计算	
											小计	已缴本期应纳税额	本期已缴欠缴税额	小计	本期期末应缴税额	本期期末应缴欠缴税额
1	2	3	4＝2－3	5	6	7＝8＋9	8＝(4－5)×6	9＝5×6	10	11	12＝13＋14	13	14	15＝16＋17	16＝8－13	17＝10－11－14
旅店业															
饮食业															
旅游业															
仓储业															
租赁业														6 000	6 000
广告业															
代理业															
其他服务业　物业费														40 000	40 000
合　计															

以下由地税机关填写

受理人：	受理地税机关（签章）：
年　月　日	

说明：本表一式三份，受理部门、属地分局（所）各一份，一份审核签章后返回纳税人。

附件 5 – 18

营业税纳税申报表

（适用于查账征收的营业税纳税人）

纳税人识别号：

纳税人名称（公章）

税款所属时间：

税目	营业额					本期税款计算			税款缴纳						
									本期已缴税额				本期应缴税额计算		
	应税收入	应税减除项目金额	应税营业额	免税收入	税率（%）	小计	本期应纳税额	免（减）税额	期初欠缴税额	前期多缴税额	小计	已缴本期应纳税额	本期已被扣缴税额	本期已缴欠缴税额	小计	本期期末应缴税额	本期期末应缴欠缴税额
1	2	3	4 = 2 + 3	5	6	7 = 8 + 9	8 = (4 − 5) × 6	9 = 5 × 6	10	11	12 = 13 + 14 + 15	13	14	15	16 = 17 + 18	17 = 8 − 13 − 14	18 = 10 − 11 − 15
交通运输业																	
建筑业																	
邮电通信业																	
服务业																	
娱乐业																	
金融保险业																	
文化体育业																	
销售不动产																	
转让无形资产																	
合 计																	
代扣代缴项目																	
总 计																	

纳税人或代理人声明：	如纳税人填报，由纳税人填写以下各栏：			
此纳税申报表是根据国家税收法律的规定填报的，我确定它是真实的、可靠的、完整的。	办税人员(签章)	财务负责人(签章)	法定代表人(签章)	联系电话
	如委托代理人填报，由代理人填写以下各栏：			
	代理人名称	经办人(签章)	联系电话	代理人(公章)

以下由税务机关填写：受理人： 受理日期： 年 月 日 受理税务机关（签章）：

本表为 A3 横式一式三份，一份纳税人留存，一份主管税务机关留存，一份征收部门留存。

项目6　实训附件

一、企业房产税纳税申报附件

【**业务1**】7月1日将仓库出租给长沙金沙连锁超市，租期5年，年租金收入20万元。原始凭证如附件6-1~附件6-4所示。

附件6-1　　　　　　　　　　　　　财产租赁合同

出租方：长江实业有限责任公司

承租方：长沙金沙连锁超市

根据《中华人民共和国经济合同法》及有关规定，为明确出租方与承租方的权利义务关系，经双方协商一致，签订本合同。

第一条　出租方将本厂区内一号仓库4间，面积1 000平方米，租给承租方用于库存商品，交于承租方前，出租方要确保门窗、屋顶、地面、设备良好，适合存储货物使用。

第二条　租赁期限5年，出租方从2010年7月1日起将房屋交付承租方使用，至2015年6月30日收回，承租人有下列情形之一的，出租人可以终止合同，收回房屋。

1. 承租人擅自将房屋转让、转租或转借的。

2. 承租人利用承租房屋进行非法活动的。

3. 承租人拖欠租金累计3个月的。

第三条　每年租金20万元人民币，按年交纳，于当年7月10日前一次交清。

第四条

　　　　　　　……　　　　　　　　　　……

本合同一式二份，出租方、承租方各执一份；合同副本一份，交市公证机关备案。

出租方（盖章）长江实业有限责任公司　　　　承租方：长沙金沙连锁超市

地址：　　　　　　　　　　　　　　　　　　地址：

法定代表人（签名）邓胜利　　　　　　　　　法定代表人（签名）毛利

委托代理人（签名）　　　　　　　　　　　　委托代理人（签名）

开户银行：　　　　　　　　　　　　　　　　开户银行：

账号：　　　　　　　　　　　　　　　　　　账号：

附件 6－2

长沙市普通发票

（2012）3 号　№0001564

付款方：长沙金沙连锁超市

2012 年 7 月 8 日

收款项目	摘　要	金　额								备　注
		拾	万	千	佰	十	元	角	分	
租　金	仓库出租	2	0	0	0	0	0	0	0	
金额（大写）：贰拾万元整		2	0	0	0	0	0	0	0	

第一联：记账联

收款单位盖章（未盖章无效）　　　　　　开票人：姚新　　　　　　收款人：张翔

附件 6－3

银 行 进 账 单

（收账通知）

2012 年 7 月 8 日　**3**

收款人	全　称	长江实业有限责任公司										
	账　号	9005600589400351234										
	开户银行	中国建设银行五一支行										
人民币		千	百	十	万	千	百	十	元	角	分	
			￥	2	0	0	0	0	0	0	0	
付款人	全　称	长沙金沙连锁超市										
	账　号	785698987554689111										
	开户银行	建行长沙芙蓉路支行										
款项来源	租金收入											

附件6-4

银行进账单（送票回执）1

2012 年 7 月 8 日　　　　　　　　　　　　　0104 号

出票人	全　称	长沙金沙连锁超市	收款人	全　称	长江实业有限责任公司									
	账　号	785698987554689111		账　号	9005600589400351234									
	开户银行	建行长沙芙蓉路支行		开户银行	中国建设银行五一支行									
人民币（大写）		贰拾万元整			百	十	万	千	百	十	元	角	分
					¥	2	0	0	0	0	0	0	0
票据种类							收款人开户行							
票据张数			盖章											
备注：					年　　月房地产权属日									

中国建设银行五一支行　2012.7.8　转讫

【业务2】7 月 20 日购置存量房一栋，7 月 25 日取得房地产权属登记机关签发的房地产权属证书。原始凭证如附件6-5～附件6-6所示。

附件6-5　　　　　　　　销售不动产统一发票（自开）

发票代码：00988765003
发票号码：№009756123

开票日期：2012 年 7 月 20 日

机打代码	008901560288	税控码	2489—19—7—61596284
机打号码	06991132		<03>2/59/2<9533>—49741
机器号码	013245-09		6<26>8—302<482>906—2
付款方名称	长江实业有限责任公司	身份证号/组织机构代码/纳税人识别码	430111407030041
收款方名称	湖南大地有限公司	身份证号/组织机构代码/纳税人识别码	430403000000999

不动产项目名称	不动产项目编号	销售的不动产楼牌号	建筑面积室内面积（单位：m²）	单价（单位：元/m²）	金额	款项	预售定金 预收购房款 购房款 其他
明月山庄	005	2 号楼	2 000	4 475.00	8 950 000.00		购房款

发票专用章　湖南大地

合计金额（元）（大写）捌佰玖拾伍万元整　　　　　　（小写）¥8 950 000.00

备注：	主管税务机关及代码	长沙市地方税务局二分局 1364508

开票人　祝新　　　　　　　　　　　　　　　　　　开票单位盖章

第三联：付款方记账凭证

附件 6－6

建设银行转账支票存根

支票号码　No00000010

| 科目： |
| 对方科目： |
| 签发日期 2012 年 7 月 20 日 |
| 收款人：湖南大地有限公司 |
| 金额：￥8 950 000 |
| 用途：购房款 |
| 备注： |
| 单位主管　王霞
会计 |
| 复核
记账　张翔 |

【业务3】2 月 1 日对 1 号办公楼进行改造工程，当年 8 月 18 日办理验收手续。为改造办公楼支付费用 120 万元，另加装中央空调支付 80 万元，该中央空调单独作为固定资产入账。原始凭证如附件 6－7～附件 6－11 所示。

附件 6－7

支票号码　No00000120

| 科目： |
| 对方科目： |
| 签发日期 2012 年 7 月 28 日 |
| 收款人：长沙科隆有限公司 |
| 金额：￥1 200 000 |
| 用途：办公楼改造费 |
| 备注： |
| 单位主管　王霞
会计 |
| 复核　　　记账　张翔 |

附件 6-8　　　　　　　　　　　建筑业统一发票（自开）

发票代码：00898765003
发票号码：05998818

开票日期：2012 年 7 月 28 日

机打代码	00898756002	税控码	2132—686231 < 9 - 4 - 1271 02
机打号码	05889915		9 < 122@ 021636 < 333257
机器号码	3605011 - 02		23548 - 48 = 47

| 付款方名称 | 长江实业有限责任公司 | 身份证号/组织机构代码/纳税人识别码 | 430111407030041 | 是否为总承包人 |
| 收款方名称 | 长沙科隆有限公司 | 身份证号/组织机构代码/纳税人识别码 | 430112763854321 | 是否为分包人 |

工程项目名称	工程项目编号	结算项目	金额（元）	完税凭证编号代扣代缴税款
办公楼改造	008	建筑工程款	1 200 000	

合计金额（元）（大写）壹佰贰拾万元整　　　　　　　　　（小写）1 200 000

| 备注 | 主管税务机关及代码 | 长沙市地方税务局八分局 12567 |

开票人　颜文语　　　　　　　　　　开票单位盖章

附件 8-21

中国建设银行电汇凭证（回　单）　　　1

□普通　□加急　　　　委托日期 2012 年 7 月 15 日　　　　No：12083542

汇款人	全称	长江实业有限责任公司	收款人	全称	上海澳宇有限责任公司
	账号	9005600589400351234		账号	03 - 830100040024768
	汇出地点	湖南省　长沙　市/县		汇入地点	省　上海　市/县
	汇出行名称	中国建设银行五一支行		汇入行名称	农业银行上海市嘉定区黄渡支行

| 金额 | 人民币（大写）捌拾万元整 | 亿 | 千 | 百 | 十 | 万 | 千 | 百 | 十 | 元 | 角 | 分 |
| | | | | ¥ | 8 | 0 | 0 | 0 | 0 | 0 | 0 | 0 |

转讫　2012年7月15日

支付密码

附加信息及用途：

汇出行签章　　　　　　　　　　　　　复核　　　记账

此联为汇出行给汇款人的回单

附件 6 – 9

上海增值税专用发票

3100062650

№00126455

开票日期：2012 年 7 月 15 日

购货单位	名　　　称：	长江实业有限责任公司				密码区	9132—789　　加密版本 01
	纳税人识别号：	430111407030041					<9 – 4 – 1271　3100062650
	地址、电话：	长沙市阿弥岭 58 号 0731 – 84672180					9 <122@　　00126455
	开户行及账号：	建设银行五一支行 9005600589400351234					542 <0677

货物或应税劳务名称	规格型号	单位	数量	单价	金　额	税率	税　额
华威中央空调		台	2	341 880. 34	683 760. 68	17%	116 239. 32
合计					￥683 760. 68		￥116 239. 32

价税合计（大写）⊗ 捌拾万元整		（小写）￥800 000. 00

销货单位	名　　　称：	上海澳宇有限责任公司	备注
	纳税人识别号：	310115072811740	
	地址、电话：	上海市嘉定区利枝路 58389546	
	开户行及账号：	农行上海黄渡支行 03 – 830100040024768	

收款人：　　　复核：张阳　　　开票人：夏秋　　　销货单位（章）

第二联　抵扣联　购货方抵扣凭证

附件 6 – 10

上海增值税专用发票

3100062650

№00126455

开票日期：2012 年 7 月 15 日

购货单位	名　　　称：	长江实业有限责任公司				密码区	9132 –789　　加密版本 01
	纳税人识别号：	430111407030041					<9 – 4 – 1271　3100062650
	地址、电话：	长沙市阿弥岭 58 号 0731 – 84672180					9 <122@　　00126455
	开户行及账号：	建设银行五一支行 9005600589400351234					542 <0677

货物或应税劳务名称	规格型号	单位	数量	单价	金　额	税率	税　额
华威中央空调		台	2	341 880. 34	683 760. 68	17%	116 239. 32
合计					￥683 760. 68		￥116 239. 32

价税合计（大写）⊗ 捌拾万元整		（小写）￥800 000. 00

销货单位	名　　　称：	上海澳宇有限责任公司	备注
	纳税人识别号：	310115072811740	
	地址、电话：	上海市嘉定区利枝路 58389546	
	开户行及账号：	农行上海黄渡支行 03 – 830100040024768	

收款人：　　　复核：张阳　　　开票人：夏秋　　　销货单位（章）

第一联　发票联　购货方记账凭证

附件 6－11

中国建设银行五一支行
业务收费凭证

2012 年 7 月 15 日

户　　名	长江实业有限责任公司		付款账号	9005600589400351234	
费用项目	金　额			币种：人民币	
手续费	0.50		借：10 109		
邮电费	50.00		转讫　贷：26 203		
收费类型：	电汇		贷：51 101		
合 计 金 额	（小写）CNY50.50		（大写）人民币伍拾元伍角整		

第四联：客户回单

【业务4】2011 年 8 月委托一施工单位新建生产车间，2012 年 9 月 10 日对建成的生产车间办理验收手续，同时接管基建工地价值 50 万元的材料棚，一并由在建工程转入固定资产，原值合计 1 100 万元。原始凭证如附件 6－12 所示。

附件 6－12　　　　　交付使用资产明细表　　2012.9

工程项目：	生产车间 2	开工日期：	2009.8
项　　目		金额（万元）	
建筑工程成本		620	
征 地 费 用		200	
可行性研究费		100	
利 息 支 出		80	
待摊基建支出		50	
其　　他		50	
合　　计		1 100	

【业务5】7月1日将生产经营用房其中的20%用于对外投资，不承担生产经营风险，投资期限3年，当年取得固定利润分红50万元，原始凭证如附件6-13~附件6-14示。

附件6-13

银行进账单
（收账通知）

2012 年 12 月 31 日　3

收款人	全 称	长江实业有限责任公司									
	账 号	9005600589400351234									
	开户银行	中国建设银行五一支行									
人民币			千	百	十	万	千	百	十	元	角	分
				¥	5	0	0	0	0	0	0	0
付款人	全 称	湖南恒源有限责任公司									
	账 号	65879989875546891111									
	开户银行	长沙银行高信支行									
款项来源	投资收入										

附件6-14

银行进账单（送票回执）　1

2012 年 12 月 31 日　　　　　　　　　　　0104 号

出票人	全 称	湖南恒源有限责任公司	收款人	全 称	长江实业有限责任公司							
	账 号	65879989875546891111		账 号	9005600589400351234							
	开户银行	长沙银行高信支行		开户银行	中国建设银行五一支行							
人民币（大写）		伍拾万元整			百	十	万	千	百	十	元	角	分
						¥	5	0	0	0	0	0	0	0
票据种类				转讫 盖章				收款人开户行				
								年 月 日				

2012.12.31

【业务6】9月1日将2号办公楼50%按政府规定价格租给本企业职工居住，每月取得租金5万元，其余房产自用。原始凭证如附件6-15所示。

附件6-15

长江实业有限责任公司职工租房明细表

2012.6

姓　名	金　额　（元）
李小华	320
张单单	170
刘　敏	430
杨利伟	260
……	……
合　计	50 000

附件6-16

房产税纳税申报表

税款所属时期：2012年　　　　　　　　　　　　　　　　　　　　金额单位：元（列至角分）

纳税人代码		微机代码										

纳税人名称												

坐落地点			建筑面积	＊＊＊＊＊＊	房屋结构							

纳税项目	上期申报房产原值（评估值）	本期增减	本期实际房产原值	从价计税的房产原值	从租计税的房产原值	税法规定的免税房产原值	扣除率	计税依据	适用税率	应纳税额	批准减免	应补退税额
				其　　中								
1	2	3	4 = 2+3	5 = 4-6-7	6 = 4-5-7	7	8	9=5-58（从租写租金收入）	10	11 = 910	12	13 = 11-12

纳税人声明	授权人声明	代理人声明

二、企业土地增值税技能实训附件

【**业务 1**】2012 年 7 月 18 日经长沙市政府批准，取得土地一块，土地面积 300 000 平方米。原始凭证如附件 6 – 17 ～附件 6 – 21 所示。

附件 6 – 17

中国建设银行
转账支票存根（湘）
VIV 20092680

附加信息
————————————

出票日期　2012 年 7 月 20 日
收 款 人：长沙市国土资源局
金　　额：￥44 200 000
用　　途：土地出让金
单位主管　王静　　会计　李强

附件 6 – 18

湖南省国有土地使用权出让金专用票据
收 据 联

开票日期：2012 年 7 月 20 日　　　　　　　　　　　　　　　　　　　　NO：5006580

缴款单位（人）	亚华房地产开发公司												
缴款内容	出让　长沙市开发区 02 号　地块												
缴款金额	币种单位	十亿	亿	千	百	十	万	千	百	十	元	角	分	汇率
	元												
	人民币		￥	4	4	2	0	0	0	0	0	0	0	
	元												
	人民币	肆仟肆佰贰拾万元整											

收款单位（章）　　　　　　　　　　　　　　经手人：章国涛

附件 6 – 19

中国建设银行
转账支票存根（湘）
VIV 20092680
附加信息
_____

_____

出票日期　2012 年 7 月 20 日
收　款　人：长沙市国土资源局
金　　　额：￥54 000
用　　　途：土地登记费
单位主管　王静　会计　李强

附件 6 – 20

湖南省政府非税收入统一票据

收　据　联　　　　　　　　　　　No：00765312

填制日期：2012 年 7 月 20 日　　　　　执收款单位名称：
缴　款　人：亚华房地产开发公司　　　　执收款单位编码：

项目编码	项目名称	单位	数量	收费标准	金额
012	土地登记费	㎡	300 000	0.18/㎡	54 000

人民币（大写）伍万肆千元整　　　　　　　　　　（小写）54 000

校验码　007720　　　　　　制单：王小明　　　　　执收单位（盖章）

【业务 2】 2012 年 8 月 18 日，将上述土地中 50 000 平方米的土地使用权，直接转让给湖南湘宸有限公司。原始凭证如附件 6 - 21 ~ 附件 6 - 23 所示。

附件 6 - 21

银行进账单
（收账通知）

2012 年 8 月 18 日　3

收款人	全　称	亚华房地产开发公司									
	账　号	9005600589400351234									
	开户银行	中国建设银行五一支行									
人民币		千	百	十	万	千	百	十	元	角	分
		¥9	8	0	0	0	0	0	0	0	0
付款人	全　称	湖南湘宸有限公司									
	账　号	7856989875546891111									
	开户银行	建行长沙芙蓉路支行									
款项来源		土地转让费									

附件 6 - 22　　**中国建设银行进账单**（送票回执）　**1**

2012 年 8 月 18 日

出票人	全　称	湖南湘宸有限公司	收款人	全　称	亚华房地产开发公司								
	账　号	7856989875546891111		账　号	9005600589400351234								
	开户银行	建行长沙芙蓉路支行		开户银行	中国建设银行五一支行								
人民币（大写）		玖佰捌拾万元整			2012.12.31 百	十	万	千	百	十	元	角	分
					9	8	0	0	0	0	0	0	0
票据种类			转讫 盖章		收款人开户行　年　月　日								

249

附件 6 – 23

应交税费计算表

单位名称：亚华房地产开发公司　　　　　　2012 年 8 月 18 日　　　　　　金额单位：元

税种、税目	计 税 依 据		适用税率	应交税费	备注
	项 目	金 额			
营业税	营业税金及附加	9 800 000	5%	490 000	
城建税	应交营业税	490 000	7%	34 300	
教育费附加	应交营业税	490 000	3%	14 700	
印花税		9 800 000	5‰	49 000	
合　计				588 000	

　　　　　　　　　　　　　　　　　复核：黄丽　　　　　　　　　制单：李强

【业务3】8 月 18 日按照市政府相关文件，银巷水晶城住宅区项目上缴城建局建筑质量监督费，上交城管局建筑垃圾处置费。原始凭证如附件 6 – 24 ~ 附件 6 – 27 所示。

附件 6 – 24

湖南省政府非税收入统一票据

收 据 联　　　　　　　　　　　　No：0096322

填制日期：2012 年 8 月 18 日　　　　　　执收款单位名称：长沙市城市建设局
缴 款 人：亚华房地产开发公司　　　　　　执收款单位编码：63040000056884

项目编码	项目名称	单位	数量	收费标准	金额
062	建筑质量监督费	工程量	88 000 000.00	7%	17 600 000

人民币（大写）壹拾柒万陆仟元整　　　　　　　　　　（小写）￥176 000.00

校验码　007015　　　　　　　　制单：李萍　　　　　　执收单位（盖章）

附件 6 – 25

湖南省政府非税收入统一票据

收 据 联   No：

填制日期：2012 年 8 月 18 日   执收款单位名称：长沙市城市管理局
缴 款 人：亚华房地产开发公司   执收款单位编码：630400065865

项目编码	项目名称	单位	数量	收费标准	金额
056	建筑垃圾处理费	吨	800	30.00/吨	24 000.00

人民币（大写）贰万肆仟元整   （小写）

校验码　0009560   制单：王丹   执收单位（盖章）

附件 6 – 26

中国建设银行
转账支票存根（湘）
VIV 20092680

附加信息

出票日期　2012 年 8 月 20 日
收 款 人：长沙市城市建设局
金 　额：¥176.000
用 　途：建筑质量监督费
单位主管　王静　会计　李强

附件 6 – 27

中国建设银行
转账支票存根（湘）
VIV 20092680
附加信息

———————————————

出票日期　2012 年 8 月 20 日
收 款 人：长沙市城市管理局
金　　额：￥24 000
用　　途：建筑垃圾处置费
单位主管　王静　会计　李强

【**业务4**】1 月 5 日至 9 月 30 分四次支付给中建五局第四建设公司建筑工程款，共计 7 120 万元。原始凭证如附件 6 – 28 和 6 – 29 所示。

附件 6 – 28

中国建设银行
转账支票存根（湘）
VIV 20092680
附加信息

———————————————

出票日期　2012 年 9 月 30 日
收 款 人：中建五局第四建设公司
金　　额：￥10 000 000
用　　途：工程款
单位主管　王静　会计　李强

附件 6 – 29　　　　　　　　　　**建筑业统一发票（自开）**

发票代码：0065667654002
发票号码：06988856

开票日期：2012 年 9 月 30 日

机打代码	0078765005		税	2489 – 1 < 9 – 7 – 615962848 < 032/52 >	
机打号码	06998818		控	9/2953 – 49741626 < 8 – 3024 >	
机器号码	3604011 – 25		码	82906 – 2 – 47 – 6 < 7 > 2 ∗ – / > ∗ > 6/	
付款方名称	亚华房地产开发公司	身份证号/组织机构代码/纳税人识别码	430403000000088		是否为总承包人
收款方名称	中建五局第四建设公司	身份证号/组织机构代码/纳税人识别码	430111763255388		是否为分包人
工程师目名称	工程项目编号	结算项目	金额（元）		完税凭证编号代扣代缴税款
银巷水晶城	016	建筑工程款	71 200 000.00		
合计金额（元）（大写）柒仟壹佰贰拾万元整				(小写) 71 200 000.00	
备注		主管税务机关及代码	长沙市地方税务局直属分局		
	开票人		开票单位盖章		

【业务 5】根据公司成本费用明细账记录，住宅区项目开发费用合计 76.3 万元，原始凭证如附件 6 – 30 所示。

附件 6 – 30　　　　　　　　　　**银巷水晶城项目开发费用**
2012 年 12 月 28 日

顺号	费用项目	会计科目	金额	备注
1	工资薪金	开发间接费用	200 000.00	
2	职工福利费	开发间接费用	28 000.00	
3	折旧费	开发间接费用	30 000.00	
4	修理费	开发间接费用	10 000.00	
5	办公费	开发间接费用	55 000.00	
6	水电费	开发间接费用	120 000.00	
7	劳动保护费	开发间接费用	20 000.00	
8	周转房摊销费	开发间接费用	300 000.00	
合计			763 000.00	

【业务6】 2010 年 12 月 30 日集团公司向建设银行长沙市五一路支行借入资金 3 000 万元，年利率6%，借款期限2年，按年付息，作为银巷水晶城项目的开发资金。原始凭证如附件 6 – 31 所示。

附件 6 – 31 　　　　　　　　　　　　　**长短期借款明细分类账**

银行名称：建设银行长沙市五一路支行　　　　　　　　　　　　　　　　　　　　　　单位：万元

日期			凭证号码	摘　要	借款类别	抵押品内容	约定偿还日期	利率	借款金额	偿还金额	结余金额
年	月	日									
10	12	30	5	银行存款	长期	土地使用权	2010.12		3 000		3 000
12	12	30	28	偿还本金						3 000	0

【业务7】 12 月 25 日银巷水晶城项目完工，该项目管理费用62 万元，经营费用128 万元，财务费用 8 万元（不含利息支出）。原始凭证如附件 6 – 32 ～附件 6 – 34 所示。

附件 6 – 32 　　　　　　　　　　**2012 年度三项期间费用分摊计算表**

2012 年 12 月 30 日

项目名称	管理费用	营业费用	财务费用	分摊金额合计
银巷水晶城	620 000.00	1 280 000.00	80 000.00	1 980 000.00
天宝花园	350 000.00	900 000.00	50 000.00	1 300 000.00
水木年华	540 000.00	1 100 000.00	60 000.00	1 700 000.00
合　计	1 510 000.00	3 280 000.00	190 000.00	4 980 000.00

其他资料：

银巷水晶城项目位于星沙漓江路8号。从开始建设到完工共签订建筑承包合同一份，合同金额 7 120 万元。

该项目已全部签订房地产销售合同共计150 份，合同金额合计 18 000 万元。该项目为取得土地使用权支付金额 2 600 万元。

附件 6 – 33

应交税费计算表

单位名称：亚华房地产开发公司　　　　　　2012 年 12 月 31 日　　　　　　金额单位：万元

税种、税目	计 税 依 据		适用税率	应交税费	备　注
	项　目	金　额			
营业税	营业税金及附加	18 000	5%	900	
城建税	应交营业税	900	7%	63	
教育费附加	应交营业税	900	3%	27	
合　　计		19 800		990	

复核：黄丽　　　　　　　　　　制单：李强

附件 6 – 34

土地增值税纳税申报表（一）
（从事房地产开发的纳税人适用）

税款所属时间：　年　月　日

纳税人微机代码
纳税人税务登记证号

填表日期：　年　月　日

金额单位：元

纳税人名称		项目名称		项目地址			
业　别		经济性质		纳税人地址		邮政编码	
开户银行		银行账号		主管部门		电话	

项　目	行次	金额	项　目	行次	金额
一、转让房地产收入总额 1 = 2 + 3	1		4. 与转让房地产有关的税金等 16 = 17 + 18 + 19	16	
其中　货币收入	2		其中　营业税	17	
实物收入及其他收入	3		城市维护建设税	18	
二、扣除项目金额合计 4 = 5 + 6 + 13 + 16 + 20	4		教育费附加	19	
1. 取得土地使用权所支付的金额	5		5. 财政部规定的其他扣除项目	20	
2. 房地产开发成本 6 = 7 + 8 + 9 + 10 + 11 + 12	6		三、增值额 21 = 1 − 4	21	
其中　土地征用及拆迁补偿费	7		四、增值额与扣除项目金额之比（%） 22 = 21 ÷ 4	22	
前期工程费	8		五、适用税率（%）	23	
建筑安装工程费	9		六、速算扣除系数（%）	24	
基础设施费	10		七、应缴土地增值税额 25 = 21 × 23 − 4 × 24	25	
公共配套设施费	11		八、已缴土地增值税额	26	
开发间接费用	12		九、应补（退）土地增值税额 27 = 25 − 26	27	
3. 房地产开发费用 13 = 14 + 15	13			28	
其中　利息支出	14			29	
其他房地产开发费用	15			30	
逾期　　天，滞纳税款　　元，按日加收滞纳税款 2‰ 的滞纳金共　　元					
合计	（大写）　佰　拾　万　仟　佰　拾　元　角　分 ¥：				
备注					
声明	我声明：我在本表各栏内所填写的内容是真实的、可靠的、完整的，如有不实，愿承担法律责任。 　　　　　　　　　　　　　　　　　　　声明人签字：				

第一联　纳税人留存

第二联　税务部门留存

法定代表人（或负责人）：　　　　　　　　　经办人（或代理人）：

项目8 实训附件

一、查账征收企业所得税核算与季度纳税申报附件

附件8-1是企业有关总账账户的期末余额。

附件8-1 账户余额表

2011年11月30日 单位：元

总账科目	明细科目	计量单位	数量	单价	借方余额	贷方金额
库存现金					4 880.00	
银行存款					385 432.00	
其他货币资金	存出投资款				1 300.00	
交易性金融资产	成本				123 280.00	
应收账款					613 200.00	
其他应收款					18 500.00	
原材料					226 520.00	
	元器件	件	1 400	66.80	93 520.00	
	角铁	KG	2 600	42.50	110 500.00	
	电源线	百米	180	125.00	22 500.00	
生产成本					34 853.00	
	机械AJ				13 400.00	
	机械BJ				21 453.00	
库存商品					2 517 000.00	
	机械AJ	台	240	4 800.00	1 152 000.00	
	机械BJ	台	200	6 825.00	1 365 000.00	
固定资产					1 794 085.00	
累计折旧						584 000.00
无形资产					200 000.00	
累计摊销						20 000.00
应付账款						1 153 300.00
应付职工薪酬						303 000.00
	工资					280 000.00
	职工福利					23 000.00
实收资本						2 000 000.00
资本公积						380 000.00
盈余公积						581 000.00
本年利润						514 850.00
利润分配	未分配利润					382 900.00
合　计					5 919 050.00	5 919 050.00

附件 8 - 2

科目汇总表

2011 年 12 月 1 日至 2011 年 12 月 31 日　　　　　　　　　单位：元

科目名称	借方金额合计	贷方金额合计
库存现金	4 000.00	2 800.00
银行存款	220 329.00	284 000.00
其他应收款	2 500.00	200.00
坏账准备	0	0
在途物资	0	0
原材料	747 450.00	82 660.00
库存商品	1 012 750.00	2 255 700.00
累计折旧	0	76 000.00
短期借款	0	0
应付职工薪酬	280 000.00	284 000.00
应交税费		422 367.25
应付利息	0	2 500.00
生产成本	287 660.00	0
制造费用	50 000.00	50 000.00
应收账款	1 099 800.00	30 000.00
应付账款	0	51 515.00
累计摊销	0	20 000.00
合　　计	3 704 489.00	3 561 742.25

注：附件 8 - 2 企业科目汇总情况（除本月损益类账户外）

2011 年 12 月企业相关账户资料如附件 8 - 3 ~ 附件 8 - 10 所示。

附件 8 - 3　　　　　　　　　　　　主营业务收入总分类账

主营业务收入　总分类账

2011 年		记账凭证		摘　　要	借方	贷方	借或贷	余额
月	日	字	号					
				上月结转			贷	0.00
12	6	银收	01	销售机械 AJ		2 031 200.00		
	8	现收	04	销售角铁		2 050.00		
	10	转	07	销售机械 BJ		1 022 700.00		
	24	银收	10	销售机械 BJ		505 800.00		
	30	转	28	结转主营业务收入	3 561 750.00			
				本月合计	3 561 750.00	3 561 750.00	平	0.00
				本年累计	25 000 000.00	25 000 000.00	平	0.00

附件 8 - 4

投资收益总分类账

投资收益总分类账

2011 年		记账凭证		摘　要	借方	贷方	借或贷	余额
月	日	字	号					
12	6	银收	04	国债利息收入		20 000.00		
	8	银收	08	高新公司投资收益		340 000.00		
	30	转	28	结转投资收益	360 000.00			
				本月合计	360 000.00	360 000.00	平	0.00
				本年累计	360 000.00	360 000.00	平	0.00

附件 8 - 5

营业外收入总分类账

营业外收入总分类账

2011 年		记账凭证		摘　要	借方	贷方	借或贷	余额
月	日	字	号					
				上月结转			贷	0.00
12	21	现收	03	收取宏大公司违约金		3 000.00		
	26	转	24	处置3号设备净收益		697 000.00		
	30	转	28	结转营业外收入	700 000.00			
				本月合计	700 000.00	700 000.00	平	0.00
				本年累计	700 000.00	700 000.00	平	0.00

附件 8 − 6 　　　　　　　　　　　　　　　**管理费用总分类账**

管理费用总分类账

2011 年		记账凭证		摘　要	借方	贷方	借或贷	余额
月	日	字	号					
				承前页	437 340.00		借	437 340.00
12	3	现付	02	购买办公用品	460.00			
	24	银付	29	结转管理费用		437 800.00		
				本月合计	437 800.00	437 800.00	平	0.00
				本年累计	4 800 000.00	4 800 000.00	平	0.00

附件 8 − 7 　　　　　　　　　　　　　　　**销售费用总分类账**

销售费用总分类账

2011 年		记账凭证		摘　要	借方	贷方	借或贷	余额
月	日	字	号					
				承前页	37 800.00		借	37 800.00
12	27	银付	04	支付广告费450万/3	1 500 000.00			
	30	转	29	结转销售费用		1 537 800.00		
				本月合计	1 537 800.00	1 537 800.00	平	0.00
				本年累计	6 700 000.00	6 700 000.00	平	0.00

附件 8-8　　　　　　　　　　　　　**财务费用总分类账**

财务费用总分类账

2011 年		记账凭证		摘　要	借方	贷方	借或贷	余额
月	日	字	号					
				上月结转			借	0.00
12	30	转	27	计提银行借款利息	100 000.00			
	30	转	27	计提大连公司借款利息	4 500.00			
	30	转	29	结转财务费用		104 500.00		
				本月合计	104 500.00	104 500.00	平	0.00
				本年累计	600 000.00	600 000.00	平	0.00

附件 8-9　　　　　　　　　　　　　**营业税金及附加总分类账**

营业税金及附加总分类账

2011 年		记账凭证		摘　要	借方	贷方	借或贷	余额
月	日	字	号					
				上月结转			借	0.00
12	30	转	26	计提城建税	23 850.00			
	30	转	26	计提教育费附加	10 221.00			
	30	转	29	结转营业税金及附加		34 071.00		
				本月合计	34 071.00	34 071.00	平	0.00
				本年累计	400 000.00	400 000.00	平	0.00

附件 8－10　　　　　　　　　　　　**主营业务成本总分类账**

主营业务成本总分类账

2011	年	记账凭证		摘　要	借方	贷方	借或贷	余额
月	日	字	号					
				上月结转			贷	0.00
12	26	转	24	销售机械 AJ		1 510 000.00		
		转	24	销售角铁		1 550.00		
		转	24	销售机械 BJ		745 700.00		
	30	转	29	结转主营业务成本		2 257 250.00		
				本月合计	2 257 250.00	2 257 250.00	平	0.00
				本年累计	11 000 000.00	11 000 000.00	平	0.00

附件 8－11　　　　　　　　　　　　**营业外支出总分类账**

营业外支出总分类账

2011	年	记账凭证		摘　要	借方	贷方	借或贷	余额
月	日	字	号					
				上月结转			借	0.00
12	21	现付	11	支付税收滞纳金	60 000.00			
	30	转	29	结转营业外支出		60 000.00		
				本月合计	60 000.00	60 000.00	平	0.00
				本年累计	520 000.00	520 000.00	平	0.00

附件 8－12　　　　　　　　　　　　　**长沙明华机械厂利润表**

利 润 表

会企 02 表

编制单位：　　　　　　　　　　　　　　年　月　　　　　　　　　　　　　　单位：元

项　　　目	本期金额	上期金额
一、营业收入		—
减：营业成本		—
营业税金及附加		—
销售费用		—
管理费用		—
财务费用		—
资产减值损失		—
加：公允价值变动收益（损失以"－"号填列）		—
投资收益（损失以"－"号填列）		—
其中：对联营企业和合营企业的投资收益		—
二、营业利润（亏损以"－"号填列）		—
加：营业外收入		—
减：营业外支出		—
其中：非流动资产处置损失		—
三、利润总额（亏损总额以"－"号填列）		—
减：所得税费用		—
四、净利润（净亏损以"－"号填列）		—
五、每股收益：	—	—
（一）基本每股收益	—	—
（二）稀释每股收益	—	—

附件 8-13　　　　　　　　　　**长沙明华机械厂资产负债表**

　　　　　　　　　　　　　　　　　资产负债表　　　　　　　　　　　　　　　会企 01 表
编制单位：　　　　　　　　　　　　　　年　月　日　　　　　　　　　　　　　单位：元

资　　产	期末余额	年初余额（略）	负债和所有者权益（或股东权益）	期末余额	年初余额（略）
流动资产：			流动负债：		
货币资金			短期借款		
交易性金融资产			交易性金融负债		
应收票据			应付票据		
应收账款			应付账款		
预付款项			预收款项		
应收利息			应付职工薪酬		
应收股利			应交税费		
其他应收款			应付利息		
存货			应付股利		
一年内到期的非流动资产			其他应付款		
其他流动资产			一年内到期的非流动负债		
流动资产合计			其他流动负债		
非流动资产：			流动负债合计		
可供出售金融资产			非流动负债：		
持有至到期投资			长期借款		
长期应收款			应付债券		
长期股权投资			长期应付款		
投资性房地产			专项应付款		
固定资产			预计负债		
在建工程			递延所得税负债		
工程物资			其他非流动负债		
固定资产清理			非流动负债合计		
生产性生物资产			负债合计		
油气资产					
无形资产			所有者权益（或股东权益）：		
开发支出			实收资本（或股本）		
商誉			资本公积		
长期待摊费用			减：库存股		
递延所得税资产			盈余公积		
其他非流动资产			未分配利润		
非流动资产合计			所有者权益（或股东权益）合计		
资产总计			负债及所有者权益（或股东权益）总计		

附件 8 – 14　　　　　　　　　**长沙明华机械厂预缴纳税申报表**

中华人民共和国企业所得税月（季）度预缴纳税申报表（A 类）

税款所属期间　　年　月　日至　年　月　日

纳税人识别号：□□□□□□□□□□□□□□□

纳税人名称：　　　　　　　　　　　　　　　　　　　　　金额单位：元（列至角分）

行次	项　　目	本期金额	累计金额
1	一、据实预缴		
2	营业收入		
3	营业成本		
4	实际利润额		
5	税率（25%）		
6	应纳所得税额（4 行 ×5 行）		
7	减免所得税额		
8	实际已缴所得税额	—	
9	应补（退）的所得税额（6 行 –7 行 –8 行）	—	
10	二、按照上一纳税年度应纳税所得额的平均额预缴		
11	上一纳税年度应纳税所得额	—	
12	本月（季）应纳税所得额（11 行 ÷12 或 11 行 ÷4）		
13	税率（25%）	—	
14	本月（季）应纳所得税额（12 行 ×13 行）		
15	三、按照税务机关确定的其他方法预缴		
16	本月（季）确定预缴的所得税额		
17	总分机构纳税人		
18	总机构　总机构应分摊的所得税额（9 行或 14 行或 16 行 ×25%）		
19	总机构　中央财政集中分配的所得税额（9 行或 14 行或 16 行 ×25%）		
20	总机构　分支机构分摊的所得税额（9 行或 14 行或 16 行 ×25%）		
21	分支机构　分配比例		
22	分支机构　分配的所得税额（20 行 ×21 行）		

　　谨声明：此纳税申报表是根据《中华人民共和国企业所得税法》、《中华人民共和国企业所得税法实施条例》和国家有关税收规定填报的，是真实的、可靠的、完整的。

法定代表人（签字）：　　　　年　月　日

纳税人公章： 会计主管： 填表日期：　　年　月　日	代理申报中介机构公章： 经办人： 经办人执业证件号码： 代理申报日期：　　年　月　日	主管税务机关受理专用章： 受理人： 受理日期：　　年　月　日

国家税务总局监制

二、查账征收企业所得税核算与年度纳税申报附件

长沙明华机械厂 2011 年度全年销售（营业）收入、成本费用、税金、损失，以及固定资产等明细资料如附件 8 – 15 ~ 附件 8 – 21 所示。

附件 8 – 15　　　　　　　长沙明华机械厂 2011 年度销售（营业）收入情况明细表

制表日期：2012 年 3 月 10 日　　　　　　　　　　　　单位：万元

序号	收入项目	账面金额	分析说明
1	销售货物收入	2 195.97	2011 年 12 月 20 日，将自产机械 BJ 与大明工厂换取元器件一批，属等价交换，收到专用发票一张，注明元器件价款 50 万元。企业还未入账，经查产品成本 40 万元。
2	提供劳务收入	138.50	
3	销售原材料、下脚料收入	40.53	
4	出租房屋收入	100.00	
5	包装物租金收入	25.00	
	合　计	2 500.00	

附件 8 – 16　　　　　　　长沙明华机械厂 2011 年度对外投资收益明细表

制表日期：2012 年 3 月 10 日　　　　　　　　　　　　单位：万元

序号	投资项目	投资金额	收益金额	分析说明
1	凭证式国债	50.00	利息收入 2.00	2009 年 1 月 1 日投资高新公司 40 万，占其 20% 的股权。2011 年 12 月 8 日收到分回的利润 34 万元，已在投资方所在地缴纳了 15% 的所得税。
2	投资高新公司股权	400.00	分回利润 34.00	
	合　计	450	36.00	

附件 8－17　　　　　　**长沙明华机械厂 2011 年度营业外收、支明细表**

制表日期：2012 年 3 月 10 日　　　　　　　　单位：万元

序号	收入项目	金额	扣除项目	实际支出金额	分析说明
1	宏大公司违约金	0.30	—	—	
2	处置 3 号设备净收益	69.70	—	—	1. 通过县政府向贫困山区小学捐 36.24 万元。
3	—	—	滞纳金	6.00	2. 支付税务机关滞纳金 6 万元。
4	—	—	捐赠支出	36.24	
5	—	—	处置 5 号设备净损失	9.76	
	合　计	70.00		52.00	

附件 8－18　　　　　　**长沙明华机械厂 2011 年度产品生产、销售成本明细表**

制表日期：2012 年 3 月 10 日　　　　　　　　单位：万元

序号	成本费用项目	期初数	本期借方发生数	本期贷方发生数	期末数	分析说明
1	库存商品	251.70	101.275	225.57	127.405	本年销售成本 1 100 万元包括原材料、下脚科成本 35.8 万元
2	生产成本	3.485 3	28.766		32.251 3	
3	制造费用	0.00	5.00	5.00	0.00	
4	销售成本	0.00	1 100.00	1 100.00	0.00	

附件 8－19

长沙明华机械厂 2011 年度管理费用明细表

制表日期：2012 年 3 月 10 日   单位：万元

序号	扣除项目	入账金额	分析说明
1	行政人员工资	32.00	
2	福利费	4.48	
3	工会经费	0.64	1. 工资发放合理
4	教育费	0.8	2. 三新研发支出均未成形
5	业务招待费	15.00	
6	三新研发费	40.00	
7	折旧费	149.70	3. 折旧费里没有包含设备评估增值计提额。
8	差旅费	129.50	
9	劳动保护费	73.00	
10	房产税	26.01	
11	印花税	0.87	
12	土地使用税	8.00	
	合　　计	480.00	

附件 8－20

长沙明华机械厂 2011 年度销售费用、财务费用明细表

制表日期：2012 年 3 月 10 日   单位：万元

序号	扣除项目	入账金额	分析说明
1	销售人员工资	50.00	
2	福利费	8.00	
3	工会经费	1.00	
4	教育费	1.25	
5	交通费	68.00	
6	广告费	450.00	
7	维修费	91.75	
	销售费用合计	670.00	
1	银行借款	48.00	
2	企业借款	11.50	
3	银行罚息	0.28	
4	汇兑净损失	0.22	
	财务费用合计	60.00	

附件 8 – 21 　　　　　　　　　　**长沙明华机械厂 2011 年度税费明细表**

制表日期：2012 年 3 月 10 日　　　　　　　　　　　　　　　　单位：万元

序号	税费项目	税额	分析说明
1	增值税	120.00	
2	营业税	25.45	
3	城建税	10.18	1. 企业所得税 50.50 万元为 2011 年 1—12 月预缴数，未将高新公司分回 34 万进行调整
4	教育费附加	4.37	2. 2011 年 12 月 28 日购入的设备未报税。
5	房产税	26.01	3. 企业 2011 年 6 月将未用仓库处置，取得收入 509 万元，缴纳营业税 25.45 万元。
6	印花税	0.87	4. 房产税、土地使用税在年度 3 月、6 月、9 月进行缴纳结算。
7	土地使用税	8.00	
8	企业所得税	50.50	
	合　计	245.38	

附件 8 – 22 　　　　　　　　　　**长沙明华机械厂 2011 年度实发工资明细表**

制表日期：2012 年 3 月 10 日　　　　　　　　　　　　　　　　单位：万元

序号	工资项目	实发金额	三项经费	分析说明
1	生产工人	58.00		
2	车间管理人员	4.00		
3	行政部门	32.00		
4	销售部门	50.00		
5	福利部门	4.80		
6	工会	1.20		
	合　计	150.00		
1	支付福利费	—	23.00	
2	拨付工会经费	—	3.00	
3	支出教育经费	—	6.00	
	合　计	122.358 5	32.00	

附件 8 – 23　　　　　　　　　　**长沙明华机械厂 2011 年度利润表**

利 润 表

会企 02 表

编制单位：　　　　　　　　　　　年 月 日　　　　　　　　　　　单位：元

项　　目	本年金额	上年金额
一、营业收入		—
减：营业成本		—
营业税金及附加		—
销售费用		—
管理费用		—
财务费用		—
资产减值损失		—
加：公允价值变动收益（损失以"–"号填列）		—
投资收益（损失以"–"号填列）		—
其中：对联营企业和合营企业的投资收益		—
二、营业利润（亏损以"–"号填列）		—
加：营业外收入		—
减：营业外支出		—
其中：非流动资产处置损失		—
三、利润总额（亏损总额以"–"号填列）		—
减：所得税费用		—
四、净利润（净亏损以"–"号填列）		—
五、每股收益：	—	—
（一）基本每股收益	—	—
（二）稀释每股收益	—	—

附件 8－24　　　　　　　　　**企业所得税年度纳税申报表附表一（1）**

收入明细表

填报时间：　年　月　日　　　　　　　　　金额单位：元（列至角分）

行次	项　　　目	金　额
1	一、销售（营业）收入合计（2＋13）	
2	（一）营业收入合计（3＋8）	
3	1. 主营业务收入（4＋5＋6＋7）	
4	（1）销售货物	
5	（2）提供劳务	
6	（3）让渡资产使用权	
7	（4）建造合同	
8	2. 其他业务收入（9＋10＋11＋12）	
9	（1）材料销售收入	
10	（2）代购代销手续费收入	
11	（3）包装物出租收入	
12	（4）其他	
13	（二）视同销售收入（14＋15＋16）	
14	（1）非货币性交易视同销售收入	
15	（2）货物、财产、劳务视同销售收入	
16	（3）其他视同销售收入	
17	二、营业外收入（18＋19＋20＋21＋22＋23＋24＋25＋26）	
18	1. 固定资产盘盈	
19	2. 处置固定资产净收益	
20	3. 非货币性资产交易收益	
21	4. 出售无形资产收益	
22	5. 罚款净收入	
23	6. 债务重组收益	
24	7. 政府补助收入	
25	8. 捐赠收入	
26	9. 其他	

经办人（签章）：　　　　　　　　　　　　　法定代表人（签章）：

附件 8 – 25　　　　　　**企业所得税年度纳税申报表附表二（1）**

成本费用明细表

填报时间：　年　月　日　　　　　　　金额单位：元（列至角分）

行次	项　　　目	金　　额
1	一、销售（营业）成本合计（2+7+12）	
2	（一）主营业务成本（3+4+5+6）	
3	（1）销售货物成本	
4	（2）提供劳务成本	
5	（3）让渡资产使用权成本	
6	（4）建造合同成本	
7	（二）其他业务成本（8+9+10+11）	
8	（1）材料销售成本	
9	（2）代购代销费用	
10	（3）包装物出租成本	
11	（4）其他	
12	（三）视同销售成本（13+14+15）	
13	（1）非货币性交易视同销售成本	
14	（2）货物、财产、劳务视同销售成本	
15	（3）其他视同销售成本	
16	二、营业外支出（17+18+……+24）	
17	1. 固定资产盘亏	
18	2. 处置固定资产净损失	
19	3. 出售无形资产损失	
20	4. 债务重组损失	
21	5. 罚款支出	
22	6. 非常损失	
23	7. 捐赠支出	
24	8. 其他	
25	三、期间费用（26+27+28）	
26	1. 销售（营业）费用	
27	2. 管理费用	
28	3. 财务费用	

经办人（签章）：　　　　　　　　　　法定代表人（签章）：

附件 8－26

企业所得税年度纳税申报表附表四

企业所得税弥补亏损明细表

填报时间：　年　月　日　　　　　　　　　　金额单位：元（列至角分）

行次	项目	年度	盈利额或亏损额	合并分立企业转入可弥补亏损额	当年可弥补的所得额	以前年度亏损弥补额					本年度实际弥补的以前年度亏损额	可结转以后年度弥补的亏损额
						前四年度	前三年度	前二年度	前一年度	合计		
		1	2	3	4	5	6	7	8	9	10	11
1	第一年											*
2	第二年					*						
3	第三年					*	*					
4	第四年					*	*	*				
5	第五年					*	*	*	*			
6	本年					*	*	*	*	*		
7	可结转以后年度弥补的亏损额合计											

经办人（签章）：　　　　　　　　　　　　　　　法定代表人（签章）：

附件 8－27

企业所得税年度纳税申报表附表五

税收优惠明细表

填报时间：　年　月　日　　　　　　　　　　金额单位：元（列至角分）

行次	项　　目	金　额
1	一、免税收入（2＋3＋4＋5）	
2	1. 国债利息收入	
3	2. 符合条件的居民企业之间的股息、红利等权益性投资收益	
4	3. 符合条件的非营利性组织的收入	
5	4. 其他	
6	二、减计收入（7＋8）	
7	1. 企业综合利用资源，生产符合国家产业政策规定的产品所取得的收入	
8	2. 其他	
9	三、加计扣除额合计（10＋11＋12＋13）	
10	1. 开发新技术、新产品、新工艺发生的研究开发费用	
11	2. 安置残疾人员所支付的工资	
12	3. 国家鼓励安置的其他就业人员支付的工资	
13	4. 其他	
14	四、减免所得额合计（15＋25＋29＋30＋31＋32）	
15	（一）免税所得（16＋17＋…＋24）	
16	1. 蔬菜、谷物、薯类、油料、豆类、棉花、麻类、糖料、水果、坚果的种植	
17	2. 农作物新品种的选育	

行次	项　目	金　额
18	3. 中药材的种植	
19	4. 林木的培育和种植	
20	5. 牲畜、家禽的饲养	
21	6. 林产品的采集	
22	7. 灌溉、农产品初加工、兽医、农技推广、农机作业和维修等农、林、牧、渔服务业项目	
23	8. 远洋捕捞	
24	9. 其他	
25	（二）减税所得（26＋27＋28）	
26	1. 花卉、茶以及其他饮料作物和香料作物的种植	
27	2. 海水养殖、内陆养殖	
28	3. 其他	
29	（三）从事国家重点扶持的公共基础设施项目投资经营的所得	
30	（四）从事符合条件的环境保护、节能节水项目的所得	
31	（五）符合条件的技术转让所得	
32	（六）其他	
33	五、减免税合计（34＋35＋36＋37＋38）	
34	（一）符合条件的小型微利企业	
35	（二）国家需要重点扶持的高新技术企业	
36	（三）民族自治地方的企业应缴纳的企业所得税中属于地方分享的部分	
37	（四）过渡期税收优惠	
38	（五）其他	
39	六、创业投资企业抵扣的应纳税所得额	
40	七、抵免所得税额合计（41＋42＋43＋44）	
41	（一）企业购置用于环境保护专用设备的投资额抵免的税额	
42	（二）企业购置用于节能节水专用设备的投资额抵免的税额	
43	（三）企业购置用于安全生产专用设备的投资额抵免的税额	
44	（四）其他	
45	企业从业人数（全年平均人数）	
46	资产总额（全年平均数）	
47	所属行业（工业企业　　其他企业）	

经办人（签章）：　　　　　　　　　　　　法定代表人（签章）：

附件 8－28　　　　**企业所得税年度纳税申报表附表三**

纳税调整项目明细表

填报时间：　年　月　日　　　　　　　　金额单位：元（列至角分）

	行次	项　　目	账载金额	税收金额	调增金额	调减金额
			1	2	3	4
	1	一、收入类调整项目	*	*		
	2	1. 视同销售收入（填写附表一）	*	*		*
#	3	2. 接受捐赠收入	*			*
	4	3. 不符合税收规定的销售折扣和折让				*
*	5	4. 未按权责发生制原则确认的收入				
*	6	5. 按权益法核算的长期股权投资对初始投资成本调整确认收益	*	*	*	
	7	6. 按权益法核算的长期股权投资持有期间的投资损益	*	*		
*	8	7. 特殊重组				
*	9	8. 一般重组				
*	10	9. 公允价值变动净收益（填写附表七）	*	*		
	11	10. 确认为递延收益的政府补助				
	12	11. 境外应税所得（填写附表六）	*	*	*	
	13	12. 不允许扣除的境外投资损失	*	*		*
	14	13. 不征税收入（填写附表一［3］）	*	*	*	
	15	14. 免税收入（填写附表五）	*	*	*	
	16	15. 减计收入（填写附表五）	*	*	*	
	17	16. 减、免税项目所得（填写附表五）	*	*	*	
	18	17. 抵扣应纳税所得额（填写附表五）	*	*	*	
	19	18. 其他				
	20	二、扣除类调整项目	*	*		
	21	1. 视同销售成本（填写附表二）	*	*	*	
	22	2. 工资薪金支出				
	23	3. 职工福利费支出				
	24	4. 职工教育经费支出				
	25	5. 工会经费支出				
	26	6. 业务招待费支出				*
	27	7. 广告费和业务宣传费支出（填写附表八）	*	*		
	28	8. 捐赠支出				*
	29	9. 利息支出				

续表

行次	项　　目	账载金额	税收金额	调增金额	调减金额
		1	2	3	4
30	10. 住房公积金				*
31	11. 罚金、罚款和被没收财物的损失		*		*
32	12. 税收滞纳金		*		*
33	13. 赞助支出		*		*
34	14. 各类基本社会保障性缴款				
35	15. 补充养老保险、补充医疗保险				
36	16. 与未实现融资收益相关在当期确认的财务费用				
37	17. 与取得收入无关的支出		*		*
38	18. 不征税收入用于支出所形成的费用		*		*
39	19. 加计扣除（填写附表五）	*	*	*	
40	20. 其他				
41	三、资产类调整项目	*	*		
42	1. 财产损失				
43	2. 固定资产折旧（填写附表九）	*	*		
44	3. 生产性生物资产折旧（填写附表九）	*	*		
45	4. 长期待摊费用的摊销（填写附表九）	*	*		
46	5. 无形资产摊销（填写附表九）	*	*		
47	6. 投资转让、处置所得（填写附表十一）	*	*		
48	7. 油气勘探投资（填写附表九）				
49	8. 油气开发投资（填写附表九）				
50	9. 其他				
51	四、准备金调整项目（填写附表十）	*	*		
52	五、房地产企业预售收入计算的预计利润	*	*		
53	六、特别纳税调整应税所得	*	*		*
54	七、其他	*	*		
55	合　　计	*	*		

注：1. 标有 * 的行次为执行新会计准则的企业填列，标有#的行次为除执行新会计准则以外的企业填列。

2. 没有标注的行次，无论执行何种会计核算办法，有差异就填报相应行次，标有 * 的不可填列

3. 有二级附表的项目只填调增金额、调减金额，账载金额、税收金额不再填写。

经办人（签章）：　　　　　　　　　　　法定代表人（签章）：

年度纳税申报表的格式和内容见附件 8－29。

附件 8－29　　　　中华人民共和国企业所得税年度纳税申报表（A 类）

纳税人名称：甲公司
税款所属期间：2008 年 1 月 1 日至 2008 年 12 月 31 日
纳税人识别号：□□□□□□□□□□□□□□□　　　　　　　金额单位：元（列至角分）

类别	行次	项　　　目	金　额
利润总额计算	1	一、营业收入（填写附表一）	
	2	减：营业成本（填写附表二）	
	3	营业税金及附加	
	4	销售费用（填写附表二）	
	5	管理费用（填写附表二）	
	6	财务费用（填写附表二）	
	7	资产减值损失	
	8	加：公允价值变动收益	
	9	投资收益	
	10	二、营业利润	
	11	加：营业外收入（填写附表一）	
	12	减：营业外支出（填写附表二）	
	13	三、利润总额（10＋11－12）	
应纳税所得额计算	14	加：纳税调整增加额（填写附表三）	
	15	减：纳税调整减少额（填写附表三）	
	16	其中：不征税收入	
	17	免税收入	
	18	减计收入	
	19	减、免税项目所得	
	20	加计扣除	
	21	抵扣应纳税所得额	
	22	加：境外应税所得弥补境内亏损	
	23	纳税调整后所得（13＋14－15＋22）	
	24	减：弥补以前年度亏损（填写附表四）	
	25	应纳税所得额	

续

类别	行次	项　　　　目	金　　额
应纳税额计算	26	税率（25%）	
	27	应纳所得税额（25×26）	
	28	减：减免所得税额（填写附表五）	
	29	减：抵免所得税额（填写附表五）	
	30	应纳税额（27－28－29）	
	31	加：境外所得应纳所得税额（填写附表六）	
	32	减：境外所得抵免所得税额（填写附表六）	
	33	实际应纳所得税额（30＋31－32）	
	34	减：本年累计实际已预缴的所得税额	
	35	其中：汇总纳税的总机构分摊预缴的税额	
	36	汇总纳税的总机构财政调库预缴的税额	
	37	汇总纳税的总机构所属分支机构分摊的预缴税额	
	38	合并纳税（母子体制）成员企业就地预缴比例	
	39	合并纳税企业就地预缴的所提税额	
	40	本年应补（退）的所得税额（33－34）	
附例资料	41	以前年度多缴的所得税额在本年抵减额	
	42	以前年度应缴未缴在本年入库所得税额	

纳税人公章：	代理申报中介机构公章：	主管税务机关受理专用章：
经办人：	经办人执业证件号码：	受理人：
申报日期：　　年　月　日	代理申报日期：　　　年　月　日	受理日期：　　　年　月　日

项目9　实训附件

一、个人所得税核算与自行纳税申报附件

【业务1】2011年两家公司每月支付给张军的全部收入及税款缴纳情况见附件9-1工资收入明细表所示。

附件9-1　　　　　　　　　　　　　　　工资收入明细表

单位	月份	1月	2月	3月	4月	5月	6月	7月	8月	9月	10月	11月	12月	合计
宏达公司	应发工资	16 000	16 000	16 000	16 000	16 000	16 000	16 000	16 000	16 000	16 000	16 000	16 000	192 000
	三费一金	2 800	2 800	2 800	2 800	2 800	2 800	2 800	2 800	2 800	2 800	2 800	2 800	33 600
	扣缴税款	1 865	1 865	1 865	1 865	1 865	1 865	1 865	1 865	1 865	1 865	1 865	1 865	22 380
寿保公司	应发工资	5 600	5 600	5 600	5 600	5 600	5 600	5 600	5 600	5 600	5 600	5 600	5 600	67 200
	扣缴税款	415	415	415	415	415	415	415	415	415	415	415	415	4 980

除此之外，2011年张军还有以下几项收入。

【业务2】张军取得公司股权分红20 000元，扣缴个人所得税4 000元。投资合同表，如附件9-2所示，付款凭证表如附件9-3所示，税收缴款书如附件9-4所示。

附件9-2　　　　　　　　　　　　　　　投资合同

立合同单位：
　　姓名：张军（以下简称投资方）
　　长沙市雨花区宏达机械公司（以下简称被投资方）
　　为明确责任，恪守合同，特签订本合同，共同信守。
　　一、投资方式：货币资金
　　二、投资金额：壹百万元整
　　三、出资期限：自二〇〇九年一月五日至二〇二〇年二月五日止
　　……

合同的附件：（略）
本合同经各方签字后生效。
本合同正本一式三份，投资方、被投资方各执一份；合同副本　2　份，报送有关单位各留一份。
投资方（签章）：张军
　　　　身份证号430103197011020017

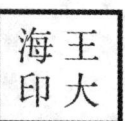

被投资方　　　　　　　　　　（公章）　　　　法人代表　（盖章）
长沙市雨花区宏达机械公司
　　……　　　　　　　　　　　　　　　　　　　　　　……

附件 9－3　　　　　　　　　　**付款凭证**

贷方科目：库存现金　　　　　　　2011 年 4 月 3 日　　　　　　　　付字第 12　号

摘要	借方总账科目	明细科目	借或贷	金　额								
				百	十	万	千	百	十	元	角	分
分配股利	应付股利	张军				1	6	0	0	0	0	0
合计				¥	1	6	0	0	0	0	0	0

财务主管：　　　记账：　　　出纳：　　　审核：　　　制单：字英

附单据 2 张

附件 9－4　　　　　**中华人民共和国税收通用缴款书**
中华人民共和国税收缴款书

地缴字（甲）NO：0054586
隶属关系

收入机关：　　　　　　　填发日期：2011 年 5 月 5 日

缴款单位（人）	代　码	430103196201213031	预算科目	编　码	
	全　称	长沙市雨花区宏达机械公司		名　称	
	开户银行	工行树处		级　次	地方级
	账　号	1965982710	收款国库	中国银行韶山路支行	

	税款所属期间：2011 年 4 月		税款限缴日期：2011 年 5 月 7 日										
品目名称	课税数量	计税金额或销售收入	税率或单位税额	已缴或扣除额	实缴税额								
					百	十	万	千	百	拾	元	角	分
个人所得税	1 人	红利所得 20 000.00	20%					4	0	0	0	0	0
金额合计	人民币（大写）肆千元整							4	0	0	0	0	0

缴款单位（人）盖章 经办人（　）	税务机关（盖章）填票人（章） 017 章红	上列款项已收妥并划转收款单位账户（国库银行）盖章	备注
财务专用章		收费专用章 2011 年 5 月 6 日	

无银行收讫章无效

第一联（收据）国库收款盖章后退缴缴款单位（人）作完税凭证

【业务3】 发明一项专利，让渡给某公司使用，取得收入 40 000 元，扣缴个人所得税 6 400元，相关原始凭证如附件9-5~附件9-7所示。

附件9-5   **无形资产让渡协议**

甲方：张军

乙方：星城兰波旺公司

2011 年 8 月 1 日乙方接受甲方让渡的风机扇叶生产专利一项，期限 5 年，专利价值以会计师事务所对该项专利评估价值为准。

本协议自双方签字开始生效。

甲方：张军

身份证号：430103197011020017

2011 年 8 月 1 日   2011 年 8 月 1 日

附件9-6   **星城会计师事务所文件**

星城〔2011〕字第 138 号

★

资产评估报告

星城兰波旺公司：

我所受贵单位委托，依据《中华人民共和国国有资产评估管理办法》、《中华人民共和国注册会计师法》和《企业会计准则》等的规定，对贵公司购入个人张军拥有的风机扇叶生产专利技术一项进行评估。该项风机扇叶生产专利技术确定价值为 40 000 元。

评估员：江帆

中国注册会计师：张军

附件 9-7

中华人民共和国税收通用缴款书

中华人民共和国税收缴款书

地缴字（甲）

地隶属关系 NO：0034501

收入机关：　　　　　　填发日期：2011 年 9 月 5 日

缴款单位（人）	代　码	430103196761213123		预算科目	编　码	
	全　称	星城兰波旺公司			名　称	
	开户银行	商行香樟分理处			级　次	地方级
	账　号	7961982717			收款国库	工商银行开福支行

税款所属期间：2011 年 8 月　　　　税款限缴日期：2011 年 9 月 7 日

品目名称	课税数量	计税金额或销售收入	税率或单位税额	已缴或扣除额	实缴税额								
					百	十	万	千	百	拾	元	角	分
个人所得税	1 人	无形资产 40 000.00	20%					6	4	0	0	0	0
金额合计	人民币（大写）	肆千元整						6	4	0	0	0	0

缴款单位（人）盖章经办人（章）
财务专用章

税务机关（盖章）填票人（章）
014 王林

上列款项已收妥并划转收款单位账户（国库银行）盖章
收费专用章 2011 年 5 月 6 日

备注

（左侧竖排）无银行收讫章无效

（右侧竖排）第一联（收据）国库收款盖章后退缴款单位（人）作完税凭证

【业务 4】 张军于 2011 年 7 月购入中航重机 100 手共计支出 119 400 元，股票交割单见附件 9-8。

附件 9-8

湖南省湘财证券公司

证券成交交割单

成交日期	20110923	股份余额	0
成交时间	13：56：48	成交金额	180 000.00
股东代码	0039155158	佣金	450.00
证券代码	600765	印花税	140.00
证券名称	中航重机	过户费	10.00
买卖标志	卖出	其他费	0
成交价格	18.00	发生金额	179 400.00
成交数量（股）	10 000	成交编号	606 429

经办单位：湘财证券韶山路营业部

备注：①资金划入证券专户中

· 313 ·

附件 9 - 9 个人所得税纳税申报表

（适用于年所得 12 万元以上的纳税人申报）

所得年份：年 　　　　　　　填表日期：年 月 日 　　　　　　金额单位：元（列至角分）

纳税人姓名		国籍（地区）		身份证照类型		身份证照号码					
任职、受雇单位		任职受雇单位税务代码			任职受雇单位所属行业			职务		职业	
在华天数		境内有效联系地址				境内有效联系地址邮编				联系电话	
此行由取得经营所得的纳税人填写		经营单位纳税人识别号					经营单位纳税人名称				

所得项目	年所得额			应纳税所得额	应纳税额	已缴（扣）税额	抵扣税额	减免税额	应补税额	应退税额	备注
	境内	境外	合计								
1. 工资、薪金所得											
2. 个体工商户的生产、经营所得											
3. 对企事业单位的承包经营、承租经营所得											
4. 劳务报酬所得											
5. 稿酬所得											
6. 特许权使用费所得											
7. 利息、股息、红利所得											
8. 财产租赁所得											
9. 财产转让所得											
其中：股票转让所得				—	—	—	—	—	—	—	
个人房屋转让所得											
10. 偶然所得											
11. 其他所得											
合　计											

我声明，此纳税申报表是根据《中华人民共和国个人所得税法》及有关法律、法规的规定填报的，我保证它是真实的、可靠的、完整的。

纳税人（签字）

代理人（签章）： 　　　　　　　　　　　　　　　　联系电话：

税务机关受理人（签字）： 　　机关受理时间： 年 月 日 　　受理申报税务机关名称（盖章）：

二、代扣代缴个人所得税核算与扣缴报告附件

【业务1】公司 2011 年 4 月份部门工资结算明细表和会计凭证分别如附件 9 – 10 和附件 9 – 11所示。

附件 9 – 10

工资结算明细表

2011 年 4 月 25 日 单位：元

姓名	部门	岗位工资	月奖	住房补贴	应付现金工资	代扣个人住房公积金	代扣个人社保金	代扣个税	实发工资	领款人签章
张政	厂办	4 000	1 000	500	5 500	200	400	310	4 590	张政
王宏	厂办	3 000	1 000	500	4 500	200	350	170	3 780	王宏
赵红	车间	3 000	800	500	4 300	200	300	155	3 645	赵红
刘杰	车间	2 800	800	500	4 100	200	300	135	3 465	刘杰
魏军	车间	2 500	600	500	3 600	200	200	95	3 105	魏军
黄建	车间	2 400	600	500	3 500	200	200	85	3 015	黄建
胡峰	销售	2 000	2 000	500	4 500	200	150	197.50	3 952.50	胡峰
合计		19 700	6 800	3 500	30 000	1 400	1 900	1 147.50	25 552.50	

附件 9 – 11

会计凭证

2011 年 4 月 25 日 付 字 第 14 号

摘要	会计科目		借方金额	贷方金额	记账（签章）
	总账科目	明细科目	千百十万千百十元角分	千百十万千百十元角分	
发放工资	应付职工薪酬		3 0 0 0 0 0 0		
扣公积金	其他应付款	个人住房公积金		1 4 0 0 0 0	章红
代扣保险	其他应付款	个人社保金		1 9 0 0 0 0	章红
代扣个税	应交税费	代扣个人所得税		1 1 4 7 5 0	章红
	库存现金			2 5 5 5 2 5 0	章红
合 计			￥3 0 0 0 0 0 0	￥3 0 0 0 0 0 0	

记账 出纳 审核 王成 制单 宋平

附件 1 张

【业务2】公司4月份租用夏强拥有的私有住房作办公室，以支票支付了当月租金（不考虑除个人所得税外的其他税费），租赁合同书、付款单、支票存根、收款收据分别如附件9-12～附件9-15所示。

附件9-12

房屋租赁合同书

出租方：夏强（简称甲方）　　　　　　承租方：长沙万发公司（简称乙方）

依据《中华人民共和国合同法》及有关法律、法规的规定，甲乙双方经友好协商一致达成协议如下：

一、甲方将坐落在长沙市雨花区韶山路220号的房屋，建筑面积400 m²，出租给乙方作使用。租期从2011年4月1日起至2014年3月31日止，每月租金20 000元（如续租须另签协议）。

二、乙方每月向甲方缴纳租金人民币贰万元整，并于当月初5天内缴清。

三、乙方在租赁期间必须遵守国家有关法律。租赁房屋的物管费由乙方负担。甲方应负责出租房屋的正常维修，或委托乙方代行维修，维修费在租金中折算。

四、乙方不得擅自改变房屋的结构及用途，乙方因故意或过失造成租用房屋和配套设备的毁损，应恢复房屋原状或赔偿经济损失。

五、租赁期间，一方如有变更协议之意，须提前一个月书面通知对方，否则将赔偿由此给对方造成的一切损失。

六、其他未尽事宜，可经双方协商解决。协商不成，可起诉人民法院处理。

七、本合同一式二份，甲乙双方各执一份，均具有同等法律效力。

出租方（签章）：夏强　　　　　　　　承租方（签章）：

身份证号：430102196711021316　　　　　　　　　长沙万发公司

2011年04月01日　　　　　　　　　　　　2011年04月01日

附件9-13

付款单

2011年4月3日

单位（或个人）	夏强（身份证号：430102196711021316）				
财务负责人签字盖章	胡梅		项目负责人签字盖章		王小龙
经办人签字盖章	万清	经办人联系电话		付款方式	银付
用　途	付租用办公楼4月份租金				
人民币（大写）	贰万元整			￥20 000.00	
备注：出租人夏强的		联系方式为13107310568			

（用途栏中间盖有"银行付讫"印章）

附件 9 – 14

支票存根

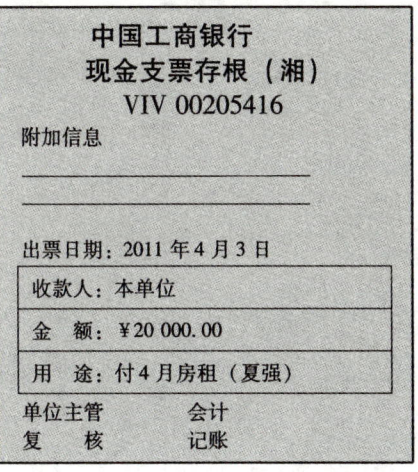

中国工商银行
现金支票存根（湘）
VIV 00205416

附加信息

_____

_____

出票日期：2011 年 4 月 3 日

| 收款人：本单位 |
| 金　额：￥20 000.00 |
| 用　途：付 4 月房租（夏强） |

单位主管　　　会计
复　　核　　　记账

附件 9 – 15

长沙万发公司往来结算收款收据

2011 年 4 月 3 日　　　　　　　　　　　　　　第 066 号

今收到：夏强交来 4 月份租金收入应交的个人所得税款项人民币壹仟陆佰元整。								
人民币（大写）　壹仟陆佰元整	现 金 收 讫	万	千	百	十	元	角	分
		￥	1	6	0	0	0	0
事由：公司租用夏强房屋代扣代缴房屋四月份个人所得税								
交款人　夏强	财务负责人　　胡梅		收款人　　　张东					

第三联：记账联

【业务3】公司 2011 年 4 月 28 日从赵斌手中购入锯床 5 台，售价 10 万元，出售过程中赵斌支付了交易相关税费 8 000 元，税务已认可，税务机关核定机器的成本为 6 万元。相关原始资料如附件 9-16～附件 9-18 所示。

附件 9-16

湖南增值税普通发票

4300092330

此联不作报销、扣税凭证使用

№ 00575238

开票日期：2011 年 4 月 8 日

购货单位	名　　　称：	长沙万发公司					密码区	2489-1<9-7-615962848<032/52>9/29533-49741626<8-3024>82906-2-47-6<7>2*-/>*>6/	加密版本：01 4300092330 00575238
	纳税人识别号：	430104712261524							
	地址、电话：	长沙市三一路 28 号 0731-82625670							
	开户行及账号：	工商银行星沙支行 9012025472973826							
货物或应税劳务名称	规格型号	单位	数量	单价	金额		税率	税额	
锯床	J-02	台	5	19 417.47	97 087.35		3%	2 912.62	
合　计					￥97 087.35			￥2 912.62	
价税合计（大写）	⊗壹拾万元整				（小写）￥100 000.00				
销货单位	名　　　称：	长沙市雨花区国税局				备注	赵斌身份证号： 4301021969110 21318		
	纳税人识别号：	税收完税凭证号 0055806							
	地址、电话：	韶山路 88 号 85386532							
	开户行及账号：	工行韶山路支行 1903010208453706814							

收款人：王丽　　　复核：陈芳　　　开票人：马萍　　　销货单位（章）

附件 9-17

长沙万发公司设备付款单

编号：012

设备购置部门	生产部		经办人	王成
设备名称	锯床 J-02		合同编号	S1143
供货单位	赵斌		合同金额	￥：100 000.00
付款内容	第 1 次付款，付款比例为 100%		其他费用	无
本次付款金额（元）	金额小写：￥100 000.00		付款方式	□现金；□汇款；√□支票
	金额大写：壹万元整			
	1. 审批报告：　√□有　□无；报告原件存放于　　公司文档处 2. 设备购置合同：√□有　□无；合同原件存放于　　公司财务处 3. 验收报告：　√□有　□无；报告原件存放于　　公司财务处 4. 固定资产单：√□有　□无			
	财务部签署意见、盖章签名：同意！胡　梅 2011 年 4 月 28 日			银行付讫
备注				

第二联　发票联　购货方记账凭证

附件 9-18

中国银行
现金支票存根
DH 20102343
附加信息
_____
_____

出票日期：2011 年 4 月 28 日

收款人：本单位
金额：￥936 000.00
用途：设备款

单位主管　　　　会计

附件 9-19　　　　　　　　　　　扣缴个人所得税报告表

扣缴义务人编码：☐☐☐☐☐☐☐☐☐☐☐☐☐☐☐☐☐☐☐☐☐

扣缴义务人名称（公章）：　　　　　　填表日期：　　年 月 日　　　　　　　　金额单位：元（列至角分）

序号	纳税人姓名	身份证照类型	身份证照号码	国籍	所得项目	所得期间	收入额	免税收入额	允许扣除的税费	费用扣除标准	准予扣除的捐赠额	应纳税所得额	税率%	速算扣除数	应扣税额	已扣税额	备注
1	2	3	4	5	6	7	8	9	10	11	12	13	14	15	16	17	18
合　计									—	—	—	—					

扣缴义务人声明	我声明：此扣缴报告表是根据国家税收法律、法规的规定填报的，我确定它是真实的、可靠的、完整的。 　　　　　　　　　　　　　　　声明人签字：

会计主管签字：　　　　　　　负责人签字：　　　　　　　　扣缴单位（或法定代表人）（签章）：

受理人（签章）：　　　　　　受理日期：　　年 月 日　　　　　　受理税务机关（章）：

本表一式二份，一份扣缴义务人留存，一份报主管税务机关。

三、个体工商户个人所得税纳税申报附件

（一）悦来餐厅 2011 年 12 月 1 日—31 日损益类账户发生额汇总如附件 9 – 19 所示。

附件 9 – 19

账户名称	借方发生额合计	贷方发生额合计
营业收入		213 600.00
营业成本	145 440.00	
营业税金	6 428	
营业费用	22 720.00	
营业外支出	14 200.00	

（二）悦来餐厅 2011 年 1 月 1 日—12 月 31 日损益类账户全年发生额汇总如附件 9 – 20 所示。

附件 9 – 20

账户名称	借方发生额合计	贷方发生额合计
营业收入		1 295 000.00
营业成本	518 000.00	
营业费用	328 240.00	
营业外支出（损失）	124 200.00	

（三）悦来餐厅应交税费——应交个人所得税明细账如附件 9 - 21 所示。

附件 9 - 21　　　　　　　　**应交税费——应交个人所得税明细账**

2011 年		记账凭证		摘　要	借方	贷方	借或贷	余额
月	日	字	号					
				承前页	64 867.05	74 057.05	贷	9 190.00
12	4	记	3	缴税（10 至 11 月累计应纳税所得额 44 800 元）	9 190.00		平	0.00
	31	记	20	计算 12 月预缴个税		8 424.20	贷	8 424.20
	31			本年累计	74 057.05	82 481.25		
				结转下年				

悦来餐厅 2012 年 2 月 15 日进行了 2010 年度汇算清缴工作。

附件 9－22   个体工商户所得税月份申报表

纳税月份：   填表日期：

纳税人编码：   金额单位：元

主业姓名			户名	
地 址		邮 编	电 话	
业 别		开始生产日期	银行账号	

	项　目	金　额
利润（亏损）额	1. 本月收入总额	
	2. 本月利润（亏损）额	
应纳税所得额的计算	3. 本月按实际计算的应纳税所得额	
	4. 上年度应纳税所得额的十二分之一	
	5. 经核定利润计算的应纳税所得额	
	6. 经税务机关认可的其他方法计算所得额	
应纳税所得额的计算	7. 税率	
	8. 速算扣除数	
	9. 本月预缴税额	

授权代理	（如果你已委托代理人，请填写下列资料）为代理一切税务事宜，现授权 　（地址）　 为本人代理申报人，任何与本申报有关的来往文件都可寄给此人。 授权人签字：	声明	我声明：此纳税申报表是根据《中华人民共和国个人所得税法》的规定填报的，我确信它是真实的、可靠的、完整的。 声明人签字：

代理申报人（签字）：   纳税人（签字或盖章）：

以下由税务机关填写：

收到日期	接收人	审核日期	主管税务机关盖章 主管税务官员盖章
审核记录			

附件 9 – 23　　　　　　　　　　　　**个体工商户所得税年度申报表**

纳税月份：　　　　　　　　　　　　　　　　　　填表日期：

纳税人编码：　　　　　　　　　　　　　　　　　金额单位：元

根据《中华人民共和国个人所得税法》第九条的规定，制定本表。个体工商户年度生产、经营所得应在年度终了后三个月内报送此表，进行汇算清缴，多退少补。

业主姓名	廖佳佳			地　　址	长沙市蔡锷路 108 号
户　　名	悦来餐厅			业　　别	饮食业
应纳所得税额的计算	开始生产经营日期	银行账号	邮　编		电　话
	项　　目				金　额
	1. 全年收入额				
	2. 成本				
	3. 费用				
	4. 损失				
	5. 应纳税所得额				
	6. 税率				
	7. 速算扣除数				
	8. 应纳所得税额				
	9. 全年预缴税额				
	10. 应补（追）所得税款				

授权代理	（如果你已委托代理人，请填写下列资料）为代理一切税务事宜，现授权　　（地址）　　为本人代理申报人，任何与本申报有关的来往文件都可寄给此人。 授权人签字：	声明	我声明：此纳税申报表是根据《中华人民共和国个人所得税法》的规定填报的，我确信它是真实的、可靠的、完整的。 声明人签字：

代理申报人（签字）：　　　　　　　　　　　　纳税人（签字或盖章）：

以下由税务机关填写：

收到日期		接收人		审核日期		主管税务机关盖章 主管税务官员盖章
审核记录						

参考文献

[1] 盖地．税务会计．5 版．上海：立信会计出版社．2007.

[2] 财政部会计司编写组．企业会计准则讲解．北京：人民出版社．2007.

[3] 傅文清，熊英，付丽莎．纳税会计与纳税申报实训教材．北京：中国人民大学出版社．2008.

[4] 蒋泽生．纳税会计模拟实训．2 版．北京：中国人民大学出版社．2008.

[5] 杨志勇，周仕雅．企业纳税实务．北京：高等教育出版社．2008.

[6] 盖地．税务会计与纳税筹划．3 版．大连：东北财经大学出版社，2008.

[7] 代义国．小企业纳税实战．广州：广州经济出版社．2008.

[8] 吴晓薇，孙万良．税法．北京：冶金工业出版社．2008.

[9] 梁伟样．企业纳税实务．北京：清华大学出版社．2009.

[10] 甄立敏．新编企业纳税实务．北京：电子工业出版社．2009.

[11] 刘淑茹，张敏．纳税实务．北京：高等教育出版社．2009.

[12] 王红云．纳税会计．北京：高等教育出版社．2010.

[13] 全国注册税务师执业资格考试教材编写组．税法Ⅰ．北京：中国税务出版社．2011.

[14] 全国注册税务师执业资格考试教材编写组．税法Ⅱ．北京：中国税务出版社．2011.

[15] 中国注册会计师协会．税法．北京：经济科学出版社．2011.

[16] 中国注册会计师协会．会计．北京：中国财政经济出版社．2011.

[17] 胡爱萍．企业纳税基本技能与全真实训．北京：电子工业出版社．2011.